PASTORAL *da* ESPERANÇA

A ARTE DO ACOMPANHAMENTO DAS PESSOAS ENLUTADAS

Ir. Cristiane R. de Melo, FSP
Pe. Tiago Vicente R. de Melo, SSP

PASTORAL *da* ESPERANÇA

A ARTE DO ACOMPANHAMENTO DAS PESSOAS ENLUTADAS

Paulinas

Dados Internacionais de Catalogação na Publicação (CIP)
Angélica Ilacqua CRB-8/7057

Melo, Cristiane R. de
Pastoral da esperança : a arte do acompanhamento das pessoas enlutadas / Cristiane R. de Melo, Tiago Vicente R. de Melo. - São Paulo : Paulinas, 2025.
104 p. (Coleção Evangelizar)

Bibliografia
ISBN 978-65-5808-391-7

1. Luto - Aspectos religiosos - Cristianismo 2. Consolação I. Título II. Melo, Tiago Vicente R. de III. Série

25-4668 CDD 248.486

Índice para catálogo sistemático:

1. Luto - Aspectos religiosos - Cristianismo

1ª edição – 2025

Direção-geral: *Ágda França*
Editora responsável: *Marina Mendonça*
Coordenação de revisão: *Marina Mendonça*
Copidesque: *Mônica Elaine G. S. Costa*
Revisão: *Sandra Sinzato*
Gerente de produção: *Felício Calegaro Neto*
Produção de arte: *Elaine Alves*

Cadastre-se e receba nossas informações
paulinas.com.br
Telemarketing e SAC: 0800-7010081

Paulinas

Rua Dona Inácia Uchoa, 62
04110-020 – São Paulo – SP (Brasil)
(11) 2125-3500
editora@paulinas.com.br

Para Vanda, mãe e avó amada,
que, nas mortes da vida,
ensinou-nos a viver.

Sumário

Introdução

"O homem é mais ele mesmo, mais livre, mais elevado, quando se curva reverentemente diante do mistério da morte."
(G. K. Chesterton)

O ser humano é um ser ritual. Temos ritos para quase tudo, se não tudo! Ritual para dormir e para acordar; para comer e, até mesmo, para ir ao banheiro. Rituais para encontro com amigos e com a família. Ritual para casar; ritual para receber uma nova vida que está para chegar e para acompanhar a cada ano o desenvolver dessa vida. E, finalmente, ritual para a grande despedida, para viver a experiência de morte.

O que todos esses ritos têm em comum é a sua finalidade: celebrar o mistério da *vida-morte-vida* que irmana a todos. E, embora cada cultura tenha rituais próprios para celebrar a vida que nasce, se desenvolve e se transforma; embora a vivência desses ritos seja imprescindível para a saúde integral do ser humano, assistimos a uma crescente negação da condição de seres contingentes que compartilhamos com tudo o que vive e respira, em uma busca insana de negar a fragilidade e finitude humanas que se revelam no ciclo comum da vida, como a velhice, a doença, a dor e a morte.

Ora, essa característica negativista da sociedade atual gera neuroses na pessoa humana e torna-se um grande desafio para a Igreja Católica, que tem seu fundamento na Páscoa de Cristo. Ou seja, a Igreja cristã católica (como as demais igrejas cristãs) está totalmente envolvida no Mistério da vida, morte e ressurreição do seu Senhor. A pessoa que abraça essa fé é inserida no Mistério da *vida-morte-vida* pelos sacramentos, principalmente, do Batismo e da Eucaristia, por meio dos quais faz a experiência de ser um só Corpo com o Senhor. Isso significa compartilhar do mesmo destino: morrer com Cristo, estar sepultado com ele, para com Cristo ressuscitar para uma vida nova (Rm 6,1-14). Nessa íntima comunhão de destino, o cristão assume a missão de anunciar o Cristo total para a pessoa toda e em todas as situações de sua vida.

A dor e a morte são inerentes à vida. Não é uma fatalidade, mas sim uma consequência, pois, tudo o que vive, morre. É essa condição que nos torna profundamente conscientes do quão valioso é cada momento da nossa vida. A morte é como a conclusão de um projeto, de uma obra ou de uma sinfonia. Sem essa conclusão, sem essa nota final que dá significado à sinfonia da existência, tudo perde o sentido.

Desde o Antigo Testamento – que abre suas narrativas apresentando o ciclo da *vida-morte-vida* de tudo o que é criado: "Pois tu és pó e ao pó tornarás" (Gn 3,19) – até o Novo Testamento, que segue essa mesma dinâmica expressa no conteúdo querigmático de nossa fé: "Transmiti-vos, em primeiro lugar, aquilo que eu mesmo recebi: Cristo morreu por nossos pecados, segundo as Escrituras. Foi sepultado, ressuscitou ao terceiro dia, segundo as Escrituras..." (1Cor 15,3-8), o cristão é chamado a viver apaziguado com as realidades próprias da condição humana, lançando sobre elas um olhar de fé e esperança, e ajudando seus irmãos e irmãs a fazer o mesmo.

É nos momentos de maior fragilidade humana, como a doença e a morte, que se faz mais necessária a presença consoladora da Igreja, convocada por Jesus Cristo a acompanhar os passos decisivos da vida dos seus membros. Podemos dizer, então, que o grande desafio missionário da Igreja ante a sociedade atual está em se manter próxima das pessoas, para iluminar com a luz da fé todas as suas alegrias e dores até a sua Páscoa definitiva, seja na pessoa de seus ministros ordenados, seja na presença da comunidade de fé: "O que fizerdes a um destes meus irmãos mais pequeninos é a mim que o fazeis" (Mt 25,34-46).

No entanto, sabemos que não é fácil acompanhar as pessoas em tais situações. Muitas vezes, ou quase sempre, não sabemos o que dizer ou fazer. Por esse motivo, este livro traz uma breve explicação catequético-pastoral sobre a tradição, os sacramentais e costumes da Igreja relacionados ao tema da morte, como também propostas de acompanhamento das pessoas acamadas, moribundas, e ritos para o acompanhamento das famílias enlutadas.

Nosso objetivo é ajudar a comunidade cristã a viver as atitudes de Jesus Cristo reveladas nos Evangelhos e pela Tradição Cristã, nas obras de misericórdia corporais e espirituais que dizem: "Consolar os aflitos"; "Rezar pelos vivos e pelos mortos"; "Visitar os doentes"; "Enterrar os mortos".

Nosso desejo é que este subsídio possa ser um auxílio para as Pastorais da Esperança, para ministros leigos e leigas, para os presbíteros e para todo o povo de Deus chamado a ser presença de solidariedade e comunhão, conscientes de que a ação da comunidade junto aos doentes e às famílias enlutadas deve ter uma intenção evangelizadora, embora baseada no respeito total pelas opções religiosas de cada pessoa e de suas famílias.

PRIMEIRO CAPÍTULO

A morte na tradição da Igreja e na sociedade

"A morte revela que a vida humana participa da finitude de todos os seres vivos."
(Afonso Murad)

Todos já ouvimos aquela velha frase que diz: "A morte é a única certeza que temos na vida". Sobre isso, o cardeal Raniero Cantalamessa, OFM Cap., escreveu: "Quando nasce um homem, fazem-se tantas hipóteses: talvez seja belo, talvez seja feio; talvez seja rico, talvez seja pobre; talvez viverá muito, talvez não... Mas de nenhum se diz: talvez morra, talvez não morra". E esta é a mais pura verdade, pois somos incapazes de saber o que vai acontecer na vida de uma pessoa quando ela nasce, mas podemos afirmar com total segurança que, um dia, aquele ser humano morrerá.

A morte é a única certeza que temos! Mas nem por isso ela deixa de nos assustar, porque continua sendo uma ilustre desconhecida. As imagens a respeito da morte que recebemos desde a infância, e se difundem no imaginário social, influenciam a maneira de encarar o morrer, até mesmo para quem tem fé. Nem mesmo São Francisco de Assis, ao chamar a morte de "irmã", conseguiu desfazer o medo que o ser humano tem dela. Isto mostra que o medo da morte não é somente um fato psicológico, mas também cultural e social. Talvez, em se tratando da morte, estejamos mais próximos do pensamento realista, mas, fatalista, de Santo Agostinho, ao afirmar que: "A morte é a doença terminal que se contrai ao nascer" (cf. *Miscellanea Agostiniana*, I, pp. 482ss. Primeira pregação do Advento de 2020).

A concepção de morte sofreu e continua sofrendo grande mudança nos últimos anos. A evolução da medicina, da biologia, da tecnologia e da ciência provocaram uma transformação mental; basta olhar como era o processo de morrer do século passado para o nosso. Para a geração dos nossos avós e bisavós, a doença e a morte eram acontecimentos vividos de forma familiar – grande parte da população falecia em casa, com exceção da morte por acidente ou por violência –, e acompanhados por todos, inclusive as crianças, que aprendiam desde cedo a conviver com a possibilidade da morte.

Em meio século tudo se alterou. Os cemitérios, que estavam praticamente dentro das cidades à vista dos moradores, recordando que a morte fazia parte da vida, foram, aos poucos, sendo redirecionados para fora das cidades e com muros mais altos. E a morte, que era um acontecimento familiar e público, se tornou privado. As pessoas morrem hoje nos CTIs, sozinhas e cercadas de aparelhos. A consequência drástica de toda essa negação é o afastamento das pessoas e da comunidade desses momentos essenciais de síntese de vida, tão marcantes para todos e igualmente importantes para fechar círculos e herdar as memórias de quem parte.

No entanto, esse olhar de fé esbarra diante de uma sociedade que nega a contingência do ser humano. Para constatar esta afirmação, basta olhar a quantidade de produtos que prometem juventude eterna e vigor físico, não importa a idade cronológica. É uma sociedade que privatiza tudo o que diz respeito à doença e à morte, bastando ver a quantidade de lares, planos de saúde e funerárias onde as famílias praticamente não precisam se envolver com nada. No caso do doente, é suficiente visitar de vez em quando; e, no caso de morte, o defunto já vem pronto e maquiado, e há chá calmante, bufê e até carpideiras para que ninguém precise borrar a maquiagem com lágrimas, além da segurança e de tudo o mais que o seu dinheiro puder pagar.

Diante desse quadro, a grande lição da Igreja para a sociedade é o anúncio de que enxergar a vida e a morte sem o horizonte da fé é viver como predestinados ao infortúnio. Mesmo admitindo que o medo do desconhecido é parte do ser humano, a Igreja convida o cristão a lançar um olhar sobrenatural que enxerga para além do corpo debilitado pela doença, idade ou por acidente.

E, para ensinar que o medo natural do fim da vida nesta terra há de ser superado pela certeza da eternidade feliz, a Igreja convida-nos a olhar para Jesus Cristo. Ele, que sentiu a agonia (palavra grega que significa luta entre a vida e a morte), também teve medo (Mc 14,34; Lc 22,42-44), mas conseguiu superá-lo confiando-se à vontade do Pai (Lc 22,42), que o ressuscitou no terceiro dia (Mc 16,1-8; Jo 20,1-2; Lc 24,10-12; At 10,37-42; Hb 13,8...). É por isso que, pedagogicamente, a Igreja exorta-nos a contemplar o Mistério da vida, paixão, morte e ressurreição de Jesus Cristo. Afinal, se morrermos com Cristo, também com ele viveremos (Rm 6,8; 1Cor 15).

Olhar para a vida de Jesus Cristo é essencial para o cristão, pois sua vida nos mostra que uma vida com sentido não teme a morte, pois o que causa desconforto ou uma espécie de esquizofrenia desnecessária é a negação da realidade. Ao contrário, aquele que vive sua vida com sentido e plenitude, na medida do possível, ou seja, vivendo a caridade, sabe que a morte é uma consequência natural da vida, como nos dá exemplo o Apóstolo Paulo, ao falar sobre o significado de sua vida e missão para a comunidade dos filipenses:

> Pois para mim o viver é Cristo e o morrer é lucro. Mas, se eu ainda continuar vivendo, poderei fazer algum trabalho útil. Por isso é que não sei bem o que escolher. Fico na indecisão: meu desejo é partir dessa vida e estar com Cristo, e isso é muito melhor. No entanto, por causa de vocês, é mais necessário que eu continue a viver. Convencido disso, sei que vou ficar com vocês. Sim, vou ficar com todos vocês, para ajudá-los a progredir e a ter alegria na fé. Assim, quando eu voltar para junto de vocês, o orgulho de vocês em Jesus Cristo irá aumentar por causa de mim (Fl 1,21-26).

É essa a grande lição de fé da Igreja Católica: viver com os olhos voltados para o céu, mas com os pés plantados na realidade. Ou seja, buscar fazer o bem ao próximo, viver o mandamento do amor, dar sentido à vida e esperar confiante a eternidade feliz. Então, no fim, o Deus de Jesus não nos perguntará se acreditamos nele, se fomos bons observantes dos seus mandamentos, mas se amamos como ele (Mt 25,31ss). E oxalá possamos ouvir com o coração repleto de gratidão: "Vinde, benditos de meu Pai, recebam como herança o Reino que meu Pai lhes preparou desde a criação do mundo" (Mt, 25,34).

Para ser fiel à sua vocação, a Igreja é chamada a uma atenção contínua à pessoa humana, e, para isso, precisa refletir e atualizar permanentemente o modo como acompanha os fiéis nesses momentos especiais da vida. A comunidade cristã, precisamente por ser comunidade, há de estar presente de modo ativo e acompanhar esses passos decisivos da vida dos seus membros, manifestando solidariedade, comunhão e amor, sem privatizar ou se omitir, seja por quais motivos forem, a sua presença de esperança.

Orientação pastoral-catequética sobre o sacramento da Unção dos Enfermos e a finalidade dos Ritos de Exéquias

É necessário iniciarmos deixando claro que, na Igreja Católica, como nas demais igrejas cristãs, não se celebra a morte. A finalidade dos ritos cristãos não é apenas honrar os corpos, mas celebrar a memória do defunto e, principalmente, colocar o acontecimento da morte no horizonte da esperança cristã, porque o que sempre celebramos é a vida: a vida terrena e a vida eterna. A morte é análoga à caminhada do povo hebreu pelo deserto. Ela é o tempo da passagem da terra da escravidão para a Terra Prometida, é uma Páscoa.

Para tanto, é necessário que os ministros, ordenados ou leigos, conheçam suficientemente aquilo que a riqueza espiritual da Igreja tem para oferecer. E, assim, com segurança, possam – a exemplo do Mestre Jesus, que, diante da doença e da morte, se fazia próximo, compassivo, sensível à dor do outro a ponto de chorar, tocar, mostrando empatia e buscando animar e dar vida (Lc 7,11-17; Lc 8,49-55; Jo 11,1-44) –, também eles, oferecer esse serviço de amor e misericórdia nos momentos oportunos. A comunidade cristã é desafiada a continuar esses gestos e essas palavras do Senhor para levar a luz do Evangelho a todos os que vivem a dor e o sofrimento.

O que é a "Unção dos Enfermos"?

A Igreja, à semelhança de Jesus Cristo e a seu mandato (Mc 16,17-18ss), é chamada a cuidar com especial carinho das pessoas enfermas, particularmente dos que estão prestes a morrer. Atento a esse mandato do Senhor, no dia 13 de maio de 1992, o Papa São João Paulo II proclamou o dia 11 de fevereiro, dia da memória litúrgica de Nossa Senhora de Lourdes, como o Dia Mundial do Enfermo.

É evidente que a intenção não é comemorar a doença, mas, sim, recordar à Igreja seu compromisso solidário. Para isso, a Igreja chama a atenção dos párocos (CDC 529,1; 530,3) e lhes põe nas mãos o volume do Ritual Romano intitulado *Unção e Pastoral dos Doentes*. De acordo com este Ritual, os enfermos são dispensados do jejum eucarístico e reserva-se para os moribundos o viático e uma especial bênção, e indulgência plenária para a hora da morte.

Origem do sacramento da Unção dos Enfermos

A leitura atenta dos Evangelhos mostra claramente a solicitude corporal e espiritual de Jesus Cristo para com os doentes (Mt 8,1-4). Por esse motivo, a Igreja afirma que o sacramento da Unção dos Enfermos foi instituído pelo próprio Senhor e promulgado na epístola de São Tiago (Tg 5,14-16). Logo se introduziu na Igreja o costume de celebrar este sacramento por meio da unção e da oração dos presbíteros pelos doentes, recomendando-os ao Senhor padecente e glorificado, para que ele os alivie e salve. A pessoa que está enferma é exortada a associar, com liberdade e fé, o seu sofrimento pessoal à paixão e morte de Cristo (Rm 8,17), pedindo ao Pai para que esse sacrifício contribua para o bem do povo de Deus.

Em outras palavras, o cristão que, em determinado momento da vida, encontra-se enfermo, é convidado a continuar seu seguimento do Cristo crucificado e ressuscitado, agora de forma mais íntima e elevada, que podemos expressar usando as palavras do Apóstolo São Paulo: "Agora, eu me alegro de sofrer por vocês, pois vou completando em minha carne o que falta nas tribulações de Cristo, a favor do seu corpo, que é a Igreja" (Cl 1,24). Isto significa que, no Mistério do Corpo de Cristo que é a Igreja, nenhum fiel, por nenhum motivo, é dispensado de dar sua parcela na missão que o Pai nos confia.

Constata-se, porém, que se criou nas pessoas certo medo supersticioso desse sacramento, levando-o a ser visto como um prenúncio da morte, talvez devido a sua nomenclatura antiga, "extrema-unção", e a forma de sua aplicação, que era, basicamente, ministrado ao fiel em perigo de morte, fazendo-o ser evitado ou adiado para os últimos momentos da vida, quando o próprio doente já não estava mais consciente.

Na tentativa de resgatar o sentido e o valor originais deste sacramento, a Igreja Católica, em 1962, substituiu a designação de "extrema-unção" para "unção dos enfermos". O sacramento da Unção dos Enfermos, portanto, passa a ser administrado à pessoa enferma em qualquer fase da doença, o que constitui uma alteração substancial. No entanto, continua sendo necessário que se faça uma catequese sobre o sacramento da Unção dos Enfermos, tanto individual como comunitária, para que seja celebrado sem receios e com uma verdadeira compreensão cristã do sacramento e do mistério da doença e da morte.

Qual é a ação eficaz do sacramento da Unção dos Enfermos e quem pode administrá-lo?

A primeira descrição da função deste sacramento, que se encontra no *Catecismo da Igreja Católica*, é extraída da Constituição Dogmática *Lumen Gentium*. De acordo com o Concílio Vaticano II, no documento do Ritual Romano para a Unção e Pastoral do Doente, o presbítero é o ministro próprio do sacramento da Unção dos Enfermos. A ação eficaz da unção é apagar os pecados ainda não expiados, aliviar e confortar o ânimo do doente, despertando nele uma grande confiança na misericórdia divina. Assim confortado, o doente poderá suportar melhor os incômodos e sofrimentos da doença, e até mesmo, se isso for para a salvação da sua alma, obter a saúde do corpo.

Ainda, segundo o mesmo documento, este sacramento faz parte da solicitude de toda a Igreja, e, para melhor preservá-lo, a Autoridade Apostólica determinou que o sacramento da Unção dos Enfermos deve ser administrado aos que se encontram doentes ou em perigo de vida, ungindo-os na fronte e nas mãos com óleo de oliveira ou com outro óleo de origem vegetal, devidamente benzido, proferindo uma só vez a seguinte fórmula: "Por esta santa unção e pela sua infinita misericórdia, o Senhor venha em teu auxílio com a graça do Espírito Santo, para que, liberto dos teus pecados, ele te salve e, na sua misericórdia, alivie os teus sofrimentos".

Dessa forma, enquanto o presbítero ministra o sacramento, toda a Igreja encomenda os doentes ao Senhor padecente e glorificado, para que ele os alivie e os salve. A Unção dos Enfermos e a Penitência são os sacramentos da cura. Enquanto o sacramento da Penitência cura o espírito, o sacramento da Unção dos Enfermos cura o corpo e a alma.

O que é o "viático" e para que serve?

Como vimos anteriormente, a Unção dos Doentes é o sacramento próprio dos enfermos, e pode ser administrado em qualquer fase da doença. O viático, por sua vez, é reservado aos moribundos; esta palavra vem do latim, *moribundus*, e é composta de *mor*, que significa "morte", e do sufixo *bundus*, que significa "tendência a algo forte". Moribundos, portanto, são os fiéis que dão suficientes sinais de estar em perigo de morte (em artigo de morte), não só por doença, mas também por outros motivos, como intervenção cirúrgica, acidente, guerra etc.

A essas pessoas é administrada a Eucaristia sob a forma de viático, que, sempre que possível, deve ser dado sob as duas espécies, dentro de uma celebração da missa. Além do viático, a Igreja cuida dos moribundos dispondo dos sacramentos da Penitência e, no caso de ainda não terem recebido, da Unção dos Enfermos, e mesmo da Confirmação; neste caso, qualquer sacerdote pode administrá-lo (CDC 889,2; 891).

O viático (*viaticum*), como a própria palavra sugere, é o "alimento para a jornada", referindo-se à Eucaristia (1Rs 19,7-8). É a preparação espiritual para aquele fiel do qual se aproxima a partida desta vida para a vida eterna, convindo que nessa passagem o fiel vá intimamente acompanhado pelo Senhor Jesus (CDC 921):

> § 1º Os fiéis, que, por qualquer causa, se encontrem em perigo de morte, sejam confortados com a sagrada comunhão em forma de viático.
>
> § 2º Mesmo que já tenham comungado nesse dia, aos que se veem em perigo de vida, recomenda-se que comunguem de novo.
>
> § 3º Perdurando o perigo de morte, recomenda-se que se lhes administre a sagrada comunhão várias vezes em dias distintos.

Para os fiéis, mas principalmente para a Pastoral da Esperança, é importante ter ciência de que, qualquer sacerdote, mesmo suspenso dos exercícios das Ordens (CDC 896,2), pode e deve confessar o moribundo e dar-lhe o viático e a bênção para a hora da morte com a indulgência plenária (Ritual da Unção e Pastoral dos Doentes, Preliminares, 26-29 e cap. III; *Enchiridion Indulgenitariarum*, 12). Outro dado importante é saber que, originalmente, a Sagrada Reserva do Santíssimo Sacramento no sacrário teve, como razão de ser, a comunhão aos doentes e moribundos.

O que é a "encomendação do moribundo"?

Popularmente conhecida como "encomendação da alma" ou "oração da agonia", a encomendação do moribundo tem um capítulo próprio no livro do Ritual da Unção e Pastoral dos Doentes. Nesse capítulo encontram-se o ritual da encomendação, propriamente dito, orações, ladainhas, jaculatórias, salmos e leituras, para serem usadas de forma criteriosa no transe final do moribundo, a fim de avivar a fé e a caridade dele e dos fiéis presentes.

A encomendação da alma é um ato de profunda confiança no amor e na misericórdia de Deus. Por meio dela, a Igreja confia o moribundo às mãos do Pai, pedindo que ele seja recebido no céu como filho amado. Esse momento, marcado pela esperança na ressurreição, também é uma oportunidade para recordar a todos os presentes a promessa de vida eterna, feita por Cristo, que venceu a morte. A oração acompanha a pessoa na sua última peregrinação, oferecendo-lhe consolo e paz no encontro definitivo com Deus.

Além disso, a encomendação é um testemunho visível da comunhão dos santos. Por meio das orações e dos ritos, a Igreja militante (os fiéis vivos) une-se à Igreja triunfante (os santos no céu) e à Igreja padecente (as almas no purgatório), intercedendo em favor daquele que está prestes a partir. Essa comunhão evidencia a dimensão comunitária da fé cristã, na qual nenhum membro do Corpo de Cristo enfrenta a morte sozinho.

Os elementos do rito são cuidadosamente escolhidos para oferecer conforto espiritual ao moribundo. As ladainhas invocam os santos como intercessores, enquanto os salmos e leituras bíblicas recordam a fidelidade de Deus e o seu amor inabalável. As jaculatórias, por sua vez, com frases breves e simples, ajudam o moribundo a manter-se unido a Deus, mesmo em sua fraqueza. Todo o rito busca proporcionar serenidade e firmeza na fé, lembrando que a morte, para o cristão, é uma passagem e não um fim.

Por fim, a encomendação também é um momento de grande significado para os familiares e amigos presentes. É uma oportunidade de rezar pelo ente querido, mas também de renovar a própria fé e esperança. A Igreja, ao cuidar espiritualmente do moribundo, estende esse cuidado aos que sofrem com a perda, ajudando-os a encontrar consolo nas promessas divinas e na certeza de que a separação é temporária, pois a vida eterna em Cristo nos reúne novamente.

O que significa "exéquias" e qual a finalidade desse rito?

A palavra tem origem no latim *exsequiae*, e, literalmente, significa "seguir para o túmulo". As exéquias são ritos sagrados por meio dos quais a Igreja implora o auxílio espiritual para os defuntos, honra os respectivos corpos e leva aos vivos a consolação da esperança cristã. Domina em toda a liturgia exequial a fé na participação do cristão no Mistério Pascal de Jesus Cristo morto, ressuscitado e glorioso; por isso, é momento culminante dessa liturgia a missa exequial.

O Ritual da Celebração das Exéquias prevê três esquemas a serem utilizados de acordo com as circunstâncias:

1. *Com três estações ou momentos celebrativos*: na casa do defunto, na igreja e no cemitério;
2. *Com dois momentos*: na capela do cemitério e junto à sepultura;
3. *Com apenas um momento*: na casa do defunto (ou onde estiver depositado o corpo).

Segundo a atual disciplina, a Igreja concede exéquias aos batizados, aos catecúmenos, às crianças sem batismo que os pais tencionavam batizar, e ainda a batizados em igreja ou comunidade não católica, se não constar de vontade contrária e não se encontrar ministro próprio.

Excluem-se os apóstatas, hereges, cismáticos e outros pecadores manifestos, a menos que tenham dado em vida sinais de arrependimento, e que se possa evitar o escândalo público (CDC 1183-1185).

A orientação da Igreja é que se conserve, quanto possível, o costume de celebrar as exéquias com a Eucaristia, memorial da Páscoa de Cristo em que a Igreja eleva orações de sufrágio pelos defuntos. Outra orientação é que, sempre que possível, seja um presbítero ou um diácono a presidir as celebrações fúnebres; no entanto, são muitas as exceções previstas no CDC (1177-1182). Dessa forma, além do sacerdote, também pode presidir as exéquias (excluída naturalmente a celebração da missa) o diácono ou mesmo um(a) leigo(a) devidamente preparado(a) e autorizado(a).

O ideal é que as exéquias sejam celebradas na igreja paroquial, porque nela se nasce para a vida cristã; é nela também que o cristão, durante sua vida, alimenta a fé; e é dela que se parte para a casa do Pai. No entanto, admite-se outro lugar de culto; por exemplo, na casa do defunto. Existe, ainda, recomendação de que não se celebrem as exéquias nas casas mortuárias.

Na preparação da celebração é importante que, quem irá presidir, leve em conta não só a pessoa do defunto e as circunstâncias da sua morte, mas também a dor dos seus familiares. Busque, na medida do possível, envolver a família e a comunidade na celebração exequial. Com efeito, a encomendação do irmão falecido a Deus na liturgia exequial tem como objetivo reanimar nos presentes a esperança e reavivar a fé no mistério pascal e na ressurreição dos mortos.

Quem preside, principalmente o sacerdote, enquanto ministro da consolação, deve ter presente que a celebração, especialmente a Eucaristia, é um momento privilegiado de evangelização, quer para a família enlutada, quer para todos os que estão presentes. Portanto, é preciso ter a delicadeza e o tato necessários para exprimir o amor materno da Igreja e a consolação da fé, a fim de que suas palavras animem os crentes e não ofendam os tristes.

Por fim, as celebrações exequiais precisam ser bem preparadas, a fim de proporcionarem um ambiente sereno, profundo e adequado à natureza do mistério celebrado.

O que é a "encomendação do defunto"?

A "encomendação", ou "última despedida", era chamada antigamente de "absolvição" ou "adeus". É o rito de saudação da comunidade ao membro que o Senhor chamou a si, afirmando a fé na ressurreição. No Ritual da Celebração das Exéquias, esse rito acontece com a presença do defunto, quer após a missa exequial ou a celebração da Palavra na igreja, quer na capela do cemitério, quer ainda na casa do defunto.

Os funerais são ritos que confirmam o passamento e consolam os que ficam, conferindo-lhes esperança. É à vista disso que tal cerimônia é chamada também de "celebração da esperança". Por meio desse ritual de encomendação da alma a Deus, pede-se que ela seja recebida no Reino dos Céus.

Por que fazemos o funeral?

Também chamado de "enterro", o funeral é o conjunto de cerimônias fúnebres de condução do corpo de um defunto até à sepultura. Inclui, quando há lugar para elas, as exéquias eclesiais. O costume é preparar o corpo em um caixão, com flores ou não, que será conduzido até a sepultura, que pode ser campa, túmulo ou jazigo. Durante esse cortejo, geralmente se canta, ou se reza, ou se segue em silêncio. Hoje a lei civil prevê e a lei canônica tolera que, em vez da inumação (enterro) do corpo, se faça a sua cremação.

O que é o "velório"?

A cerimônia fúnebre conhecida como "velório" é o ritual de preparação para o sepultamento. Geralmente, tem início logo após a confirmação do falecimento e da liberação médica do corpo. Trata-se de um evento coletivo no qual as pessoas permanecem junto ao defunto exposto, durante as horas que precedem seu enterro ou cremação.

A origem dessa palavra vem do latim, *vigilare*, que significa "vigiar, fazer vigília, permanecer aceso". Segundo a tradição, no tempo em que não havia energia elétrica, era costume acender velas e rezar em torno do corpo do defunto. Daí surgiu a tradição de velar. Outro sentido que encontramos está ligado ao costume de cobrir o corpo com um véu ou lençol. O que dá origem ao significado de velar (cobrir) e revelar (descobrir).

O velório destina-se, sobretudo, aos vivos. Juntamente com o sepultamento forma um grande rito de despedida dos vivos em relação ao morto e visa iniciar a elaboração da perda para vivenciar o luto. Sua função principal é possibilitar que se sofra junto, que se compartilhem emoções, abraços, afetos, que haja o conforto de se falar da pessoa amada, ou seja, dizer adeus à pessoa amada.

Como o ambiente de velório tende a apresentar grande densidade emocional, principalmente nos casos de morte trágica provocada por assassinato, suicídio ou acidente, eclodem sentimentos de tristeza, culpa, indignação, revolta e perplexidade. É necessário maior atenção e cuidado com os familiares e amigos do falecido, pois depende deles tornar o velório um rito com sentido, e não um acontecimento social vazio.

De onde vem a tradição do cemitério?

A palavra "cemitério" deriva do grego *koimeterion* e do latim *coemeterium*, que significa "dormitório", "pôr a jazer" ou "fazer deitar". É o lugar do sepultamento dos corpos dos defuntos. Os defuntos são aqueles que estão "sem função" – *defunctus* – , agora, no corpo de Cristo vivo, que é a Igreja militante, a comunidade. As catacumbas eram cemitérios. Essa prática cristã, atestada pela mais antiga tradição, foi herdada do costume judeu de inumar os defuntos (inumar deriva de *humus*, que significa "terra"), ou seja, de enterrar os corpos daqueles que morrem.

Esse costume acabou sendo considerado pela Igreja como o mais conforme à visão cristã da morte, e a crença na ressurreição final levou os cristãos a adotá-lo, recusando a prática de certos povos de cremar os corpos ou de os abandonar insepultos.

Os cemitérios, como espaços públicos de sepultamento, só se generalizaram no século XIX, pois antes eram propriedades particulares ou de comunidades. Os primeiros cemitérios eram benzidos e considerados lugares sagrados. Com a sua laicização, a bênção passou a dar-se a cada sepultura, no momento do funeral (CDC 1240-1243; Ritual de Exéquias). No entanto, para a fé cristã, esses continuam sendo locais sagrados e aconselha-se a erigir cruzes nos túmulos dos cristãos, como símbolo de fé e de esperança.

O cristão pode ser cremado?

A cremação do corpo, na antiguidade, era bastante comum, principalmente nas civilizações orientais, mesmo que haja casos conhecidos na Europa. No entanto, depois do cristianismo, a forma habitual passou a ser a inumação ou sepultamento do corpo, por ter sido dessa forma que Jesus Cristo foi sepultado, e também por parecer mais condizente com a compreensão teológica da esperança na ressurreição final da "carne".

A cremação foi reintroduzida na França por volta da Revolução de 1789, em grande parte por motivos antirreligiosos, passando depois a outros países. Como reação, a Igreja proibiu a cremação dos corpos, sob pena de recusa da sepultura eclesiástica (1886), passando tal proibição a figurar no CDC de 1917 (1203, 1240, 5). Tempos depois, embora mostrasse preferência pela inumação ou sepultamento do corpo, desde 1963 a Santa Sé permite a cremação de católicos que por ela optarem, desde que não seja um ato de contestação da fé (Inst. do Santo Ofício, 1963; CDC 1176, § 3).

O Novo Ritual de Celebração de Exéquias (Preliminares, 15) estabelece que, no caso de cremação, os ritos exequiais que habitualmente se realizam na capela ou junto à sepultura podem ocorrer na sala crematória, e as cinzas do defunto devem ser conservadas no cemitério. Em caso algum a urna com as cinzas do defunto poderá ser levada de novo à igreja para a comemoração de aniversários ou de outras ocasiões.

Podemos rezar pelos mortos?

A tradição de rezar pelos mortos teve seu primeiro registro por volta do século I da era cristã. A partir desse período, encontramos relatos de alguns tipos de culto religioso aos defuntos, como visitas às catacumbas ou aos túmulos dos mártires. No século IV, sabe-se que os mortos eram lembrados dentro da celebração eucarística, mas, até então, não havia um dia específico para rezar pelos mortos, como há hoje. Esse dia começou a ser definido a partir do século V e foi ganhando força a partir do século XI, com os papas Silvestre II (999-1003), João XVIII (1004-1009) e Leão IX (1049-1054), quando passa a existir a obrigatoriedade de se dedicar um dia por ano aos mortos.

Foi só no século XIII que o dia 2 de novembro foi estipulado como o dia anual de oração pelos mortos. Essa data foi escolhida pelo fato de suceder outra data muito importante do calendário católico, 1º de novembro, dia de Todos os Santos. Nesse dia, era recomendado que se acendesse uma vela no cemitério para simbolizar a vida eterna do falecido. Daí o costume que perdura até hoje entre os cristãos católicos de acender velas no cemitério no dia de finados.

Vale ressaltar que o culto aos mortos é mais antigo do que o cristianismo, sendo uma prática comum de quase todas as religiões antigas. Para essas culturas, o culto aos mortos está muito ligado aos cultos agrários e de fertilidade, pois se acreditava que, como as sementes, os mortos eram enterrados para um novo nascimento. Neste ponto, não podemos negar que há certa similaridade com o culto cristão, embora a doutrina seja outra, em que também se acredita que a morte seja uma passagem para a vida eterna, ou seja, uma nova vida.

É importante esclarecer que o que permanece no cemitério são apenas os restos mortais, e a alma está junto a Deus, na eternidade. Recordar este aspecto da fé cristã ajuda a diminuir o pesar da morte. A certeza de que a morte não é o fim, mas apenas um mergulho na ressurreição de Cristo, e a entrada na vida eterna, deve ser mais forte do que o sofrimento e a dor provocados pela morte. A própria Sagrada Escritura nos recorda: "Se não tivesse esperança na ressurreição dos que tinham morrido na batalha, seria coisa inútil e tola rezar pelos mortos. Mas, considerando que existe uma bela recompensa guardada para aqueles que são fiéis até a morte, então esse é um pensamento santo e piedoso" (2Mc 12,44-45a).

Essa é a esperança que precisa ser anunciada sempre! Enxergar a morte com esse olhar de fé ajuda a pessoa a elaborar o luto de modo que o sofrimento não se torne depressão.

O significado da missa do sétimo e trigésimo dia

Essas missas se configuram como tradição e costume das famílias católicas, praticantes ou não. A tradição tem consequências muito significativas na vida social. É o que ocorre com as missas do sétimo e trigésimo dia, que são elementos valiosos porque fazem parte da fé católica e da cultura religiosa do povo brasileiro.

A missa do sétimo dia é um ritual de estreita ligação com o luto, porque se trata da primeira semana pós-morte, tendo como um dos objetivos delimitar, pouco a pouco, o período do luto na vida da família. Além de ser um momento forte de solidariedade social, quando as pessoas mais próximas se reúnem em torno da fé para fazer a entrega definitiva daquela pessoa que partiu, consiste também em um marco simbólico divisório entre o episódio da morte e o retorno da normalidade no cotidiano da vida dos familiares.

A missa do sétimo dia está fundamentada na Bíblia. A simbologia dos números atribui ao número sete o significado de "totalidade, plenitude, perfeição". A narração da criação no livro do Gênesis mostra que Deus levou sete dias para criar o mundo e, quando terminou, descansou. O paralelismo dessa passagem com a missa do sétimo dia simboliza que aquela pessoa, após cumprir sua missão nesta terra, poderá agora descansar.

Ainda no livro do Gênesis, há relatos bíblicos de rituais da morte de Jacó: "Fizeram um funeral grandioso e solene, e José guardou por seu pai um luto por sete dias" (Gn 50,10-11). Também no livro de Judite conta que, por ocasião de sua morte: "Os israelitas fizeram luto por sete dias. Antes de morrer, Judite repartiu seus bens entre os parentes de seu marido Manassés e entre seus próprios parentes" (Jd 16,24). E o livro do Eclesiástico afirma que: "O luto por um morto dura sete dias" (Eclo 22,13). Dessa maneira, a tradição da missa de sétimo dia ganha respaldo bíblico.

Na verdade, não importa se a missa é do sétimo ou do trigésimo dia, pois o que vale é a intenção de oração e de fé. Quem ora por quem já morreu demonstra amor, dá provas da sua esperança na eternidade e manifesta aquilo que professamos quando rezamos o Creio, ou seja, que "cremos na comunhão dos santos, na remissão dos pecados, na ressurreição da carne e na vida eterna".

Crendices e devoções

Na cultura popular de todas as religiões e povos, há muitas fantasias em torno da morte e do pós-morte. Para nós, católicos, essas realidades deveriam ser mais naturalmente acolhidas, já que fazem parte do cabedal doutrinário que fala tanto do juízo particular e do juízo final, purgatório, céu, inferno. No entanto, não é bem assim que acontece. Misturam-se informações do catolicismo tradicional com imagens da realidade popular, frutos de uma mescla de elementos simbólicos dos portugueses, da cultura indígena e das africanas, o que dá origem a várias crendices, lendas e devoções.

Todos já ouvimos histórias sobre casas mal-assombradas, almas penadas que voltam para pedir orações etc. É muito comum encontrar, mesmo entre cristãos esclarecidos, crendices como "não se pode entrar em casa vestindo a roupa que veio do cemitério"; ou "não se pode entrar com os sapatos em casa depois que se volta do cemitério, pois pode trazer má energia para dentro de casa". Sim, é importante lavar as roupas e limpar os sapatos quando se vai a lugares como hospitais e cemitérios, mas não por causa de energias, mas porque são lugares que podem ter alguma possibilidade de contaminação de bactérias.

Outra crendice muito conhecida é a de que "pisar nas covas ou cair em uma pode ser sinal de má sorte, ou significar que alguém próximo vai morrer". Convenhamos, se isso fosse verdade, o que seria dos coveiros e das pessoas que trabalham limpando as covas, os túmulos? Sem contar que existem alguns cemitérios tão mal organizados que a única forma de chegar a determinado jazigo é caminhando por cima de outros. Qualquer pessoa pode se desequilibrar e cair. O único azar é o de cair, e mais nada além disso. Basta tomar um bom banho e lavar as roupas.

Também se escuta: "Cemitério à noite é mais seguro do que a igreja, pois as almas vão todas rezar". Aqui se faz necessário lembrar que, para a fé cristã, a alma se encontra com Deus, e não mais sujeitas ao tempo. E também existe a crença de que, se não houver missa de sétimo dia, a alma do falecido não entra no céu.

Embora essas crendices e lendas façam parte do imaginário popular, a fé católica convida a uma compreensão mais profunda e espiritual sobre a morte e o pós-morte, baseada nos ensinamentos de Cristo e da Igreja. A doutrina católica enfatiza que, após a morte, a alma é imediatamente submetida ao juízo particular, quando é decidida sua destinação: céu, purgatório ou inferno, de acordo com a vida e as escolhas que a pessoa fez em relação ao amor a Deus e ao próximo. A celebração da missa, incluindo a do sétimo dia, é uma forma de interceder por aquela alma, mas não limita a misericórdia divina, que é infinita e transcende rituais específicos.

No contexto da piedade popular brasileira, muitas dessas crenças e práticas refletem o desejo das pessoas de manter uma relação espiritual com os falecidos, expressando tanto o medo da morte quanto o anseio por reconciliação e proteção. A prática de rezar pelos mortos, tão comum em todas as regiões do Brasil, é profundamente católica e está alinhada com o princípio da comunhão dos santos, que nos ensina que podemos ajudar as almas do purgatório a alcançar a plenitude da vida em Deus. No entanto, é importante educar os fiéis para distinguir entre o que faz parte da fé autêntica e o que são superstições sem fundamento teológico.

No mundo, observa-se que a piedade popular em torno da morte é expressa de maneiras diversas, mas com um objetivo comum: honrar os mortos e buscar sua paz eterna. No México, por exemplo, o Dia dos Mortos mistura símbolos cristãos com elementos pré-hispânicos, mas sempre com um tom de respeito e celebração da vida eterna. Nas Filipinas, as novenas e vigílias pelos falecidos são demonstrações vibrantes de fé e solidariedade. Essas expressões culturais, desde que vividas à luz do Evangelho, ajudam as pessoas a enfrentar o mistério da morte com esperança e confiança na promessa de ressurreição.

Por isso, a Igreja, especialmente em contextos onde a piedade popular é tão rica como no Brasil, tem a missão de acolher essas manifestações culturais, valorizando o que há de genuíno e evangelizando o que precisa ser iluminado pela fé. A mensagem essencial é que a morte não deve ser vista como um fim temível, mas como uma passagem para a vida eterna, onde, como ensina São Paulo, "Deus será tudo em todos" (1Cor 15,28). Assim, mesmo diante de crendices e medos, a fé católica nos oferece um caminho de serenidade e esperança.

SEGUNDO CAPÍTULO

Acompanhamentos

"Quanto mais forte o amor, tanto mais profundo o luto; quanto mais irrestrito o apego, tanto mais inconsolável a perda. Quem se entregou totalmente ao amor pelo outro morre pessoalmente nas dores do luto e nasce de novo, para ser outra vez trazido à vida e reencontrar a vontade de viver."
(Moltmann, 2002, p. 138)

Acompanhamentos da pessoa enferma ou moribunda

O acompanhamento que um representante da Igreja presta à pessoa doente ou moribunda é totalmente diferente daquele prestado por um cuidador ou cuidadora da saúde física. Esse acompanhamento é, antes de tudo, uma obra de misericórdia a exemplo da atitude de Jesus diante da doença e da morte. Basta recordar os seus gestos e as suas palavras quando vê diante de si o homem paralítico descido pelo teto por seus amigos (Mc 2,4-5); ou quando pergunta ao homem paralítico na piscina de Siloé se queria ser curado (Jo 5,1-15); ou quando a mulher hemorroíssa toca a barra do seu manto (Lc 8,45).

Outro dado relevante a ser refletido com cuidado é o fato de que, hoje, grande parte das pessoas vivem seus últimos momentos da vida fora do ambiente familiar. Essa realidade exige maior sensibilidade por parte dos ministros e dos grupos de acompanhamento para buscar promover a cooperação com as capelanias hospitalares e outras instituições, como lares, unidades de cuidados continuados e paliativos. Essas pessoas precisam de uma presença que transmita a elas a certeza de que não estão sozinhas nos últimos momentos de suas vidas.

A comunidade cristã, por ser chamada a continuar as palavras e atitudes do seu Senhor, não pode descuidar do acompanhamento dos doentes e das suas famílias, especialmente os doentes que estão em fase terminal ou em situação de sofrimento prolongado. Essa atenção especial faz parte do múnus pastoral da comunidade, de modo especial dos sacerdotes. Por esse motivo, lembra-nos o Papa Francisco:

> A Igreja deverá iniciar os seus membros – sacerdotes, religiosos e leigos – nesta arte do acompanhamento, para que todos aprendam a descalçar sempre as sandálias diante da terra sagrada do outro (Ex 3,5). Devemos dar ao nosso caminhar o ritmo salutar da proximidade, com um olhar respeitoso e cheio de compaixão, mas que ao mesmo tempo cure, liberte e anime a amadurecer na vida cristã (FRANCISCO, 2013, n. 169).

"Descalçar sempre as sandálias diante da terra sagrada do outro." Talvez seja esta a principal tarefa da Pastoral da Esperança diante de uma pessoa enferma, moribunda ou enlutada. Isto exige um mínimo de formação porque se, por um lado, este é um momento de imensa fragilidade humana, nas dimensões físicas e psicológicas, por outro, é o tempo de maior abertura ao transcendente.

A pessoa nesse estágio não tem mais tempo nem interesse para assuntos superficiais. Ela está aberta às questões existenciais sobre a morte, a eternidade, Deus, o bem-estar dos seus entes queridos que continuarão a viagem da vida. Os anos vividos (e aqui conta mais a intensidade do que a idade), a doença, o sofrimento as amadureceu espiritualmente, por isso, muitas vezes, são essas pessoas que acabam por consolar suas visitas.

Acredito que, neste ponto, a Pastoral da Esperança, os ministros ordenados, leigos e leigas já perceberam que mais importante do que *saber o que dizer* para os doentes e moribundos *é saber ser presença* do Deus que é misericórdia e amor. Portanto, aqui vão algumas dicas:

> Antes de ir ao encontro da pessoa enferma ou moribunda, converse com seus familiares ou cuidadores para saber se ela escuta bem, se pode falar, se pode ser tocada, se ela consegue comer, em vista de saber se poderá receber a Eucaristia etc.; ou seja, o que pode ou não ser feito junto a essa pessoa, a fim de evitar constrangimentos. Tendo essas informações, você se sentirá mais seguro em sua missão.
>
> As pessoas enfermas, idosas ou crianças, por serem mais frágeis, exigem mais atenção. Organizem-se em pequenos grupos para fazer o mínimo de barulho possível. Cuidem para que as mãos estejam bem higienizadas, sem perfumes fortes ou unhas muito grandes.
>
> É importante manter um ambiente sereno e tranquilo, sem muito barulho, o que não significa ficar mudos. Lembrem-se de que a música é terapêutica.
>
> Falar o que se precisa o mais próximo possível do enfermo ou moribundo, para que este compreenda bem.
>
> Perguntar se deseja falar algo, se deseja confessar-se. Perguntar se concorda que rezem por ela. Se se sente pronta para encontrar-se com Deus. Se a resposta for negativa, perguntar do que ela tem medo e tentar ajudar a reverter esse sentimento.

Se não houver nada contra, pegar a mão da pessoa enferma ou moribunda entre as suas pode trazer imenso conforto para ela.

Acima de tudo, seja presença do Deus misericordioso, que acolhe e ama incondicionalmente. Busque transmitir isso com seu olhar, com seu toque, com seu tom de voz.

Ajude a pessoa moribunda a perceber que não há por que ter medo. Que Deus a espera de braços abertos, ansioso para abraçá-la com muito amor.

Acompanhamento da família enlutada

Acompanhar as famílias enlutadas é uma fase muito importante de todo esse processo que requer sabedoria, presença e gestos concretos. Apesar da certeza da morte, ninguém nunca está totalmente preparado para enfrentá-la, principalmente quando se trata da morte de alguém próximo. O fato é que, mais cedo ou mais tarde, essa hora chegará para todos. E se, para muitos, a morte significa o fim de tudo, para nós, cristãos, a morte não tem a última palavra; esta será sempre de vida, porque Cristo ressuscitou!

O papel da Igreja e da comunidade de fé é iluminar a dor da morte com a esperança que só a oração pode dar. É essa fé que deve iluminar as famílias no momento em que recebem a triste notícia da morte de um ente querido. Para tanto, é importante criar um ambiente sereno e profundo, que possa ajudar a viver esse momento de dor.

Nesse sentido, a Pastoral da Esperança, juntamente com a comunidade de fé, pode ajudar para que haja uma articulação harmoniosa entre a família, o pároco e a agência funerária, promovendo momentos de oração durante o velório que possam ajudar os vivos a conviver com a perda da pessoa querida, sempre respeitando a vontade dos familiares, no entanto, sem deixar de apresentar a oração como um encontro reconfortante com o Senhor ressuscitado.

Na medida do possível, seria interessante que a Igreja se fizesse presente durante o tempo do velório, junto aos amigos e familiares do defunto, para celebrar uma vigília de oração. Em muitos lugares é costume rezar o terço ou o rosário, ou ainda o Ofício de Nossa Senhora. Esse momento de oração pode ser uma forma de ajudar a criar um ambiente de recolhimento e de profundidade espiritual, evitando, desse modo, o frequente ruído e a conversa banal que, tantas vezes, cansa os familiares e não os ajuda a celebrar a fé.

Saber "estar junto" por meio de uma palavra sincera, de um gesto simples, de um atencioso silêncio. Uma presença que compartilha a dor e o sofrimento de quem está em luto. É preciso valorizar essa presença, de tal modo que, quem sofreu a perda, se sinta acolhido totalmente como é e na situação em que se encontra.

Por fim, lembrar que o acompanhamento da família enlutada não termina com o sepultamento do defunto. Com frequência, corre-se o risco de se concentrar toda a solidariedade humana no dia do funeral e, depois, quando precisamente o vazio se torna doloroso, essa solidariedade desaparece. Por isso, é preciso fazer-se presente por um pouco mais de tempo, principalmente nas primeiras semanas, onde se sentirá a falta daquela pessoa com maior intensidade. A manutenção desse acompanhamento pode ser feita por meio de uma visita, um telefonema, um momento de oração, e, principalmente nas datas fortes, como o primeiro aniversário e o primeiro Natal sem aquela pessoa.

Se é verdade que em Cristo somos um só corpo (1Cor 12; Rm 12,4-5), então, o sofrimento de um só membro interpela toda a comunidade cristã que é convocada a fazer-se presente. A Pastoral da Esperança, junto com o padre, precisa promover o envolvimento de toda a comunidade no acompanhamento de quem está de luto. Com efeito, os vizinhos ou os que estão mais próximos afetivamente são desafiados a ser bons samaritanos (Lc 10,29-37), a compadecer-se e a cuidar, lutando assim contra a globalização da indiferença (EG 54).

Acompanhamento da família em momentos trágicos

Além de tudo o que já foi dito, no caso específico do acompanhamento da família que perdeu um ente amado por meios trágicos, pede-se uma atenção maior da Igreja, da Pastoral da Esperança e de toda a comunidade de fé. Se já é imensamente doloroso perder alguém que por anos sofreu de uma enfermidade que a levou à morte, imaginem a dor que é perder alguém inesperadamente, por um acidente fatal, assassinato ou por suicídio.

A morte faz parte da condição humana, por isso, deve ser aceita. Mas é necessário distinguir a morte em si daquelas provocadas pelas injustiças e pelas maldades humanas. Na Bíblia se denuncia várias vezes a morte que é provocada pela violência humana. Deus não as deseja! Ela desagrada ao Senhor. Jamais se aplica a essas mortes a justificativa de "vontade de Deus". O cristão não considera como normal a violência contra qualquer ser vivo. O Deus da vida, revelado em Jesus, quer que todos tenham vida, e a vida em plenitude (cf. Jo 10,10).

Uma perda significativa por meios trágicos é traumático e pode causar dor prolongada, tristeza profunda, desânimo, fraqueza física, indignação, revolta e momentos de ira. Quanto maior a perda, mais intensos poderão ser esses sentimentos. Nessas condições é importante ser compassivo com quem está vivendo esse momento de dor e nunca usar frases como: "Vocês têm pouca fé!", "Aceitem a vontade de Deus", "Era a hora dele" etc. Tais frases, além de serem cruéis, acrescentam o sentimento de culpa à dor da perda que a família está vivendo.

Há atitudes heroicas diante da morte de pessoas queridas, mas elas não são a norma para todos, pois o processo de elaboração do luto tem ritmos diferentes. A maneira adequada de consolar quem chora e sofre com a morte de um ente querido não consiste em dar conselhos moralistas. Na dúvida do que falar, é mais conveniente manifestar com gestos que você está presente, partilhando a dor. Ou apenas reze, pedindo para que Deus, a seu tempo, dê consolo e fortaleza para enfrentar e não negar tal situação.

TERCEIRO CAPÍTULO

A vivência necessária do luto

"A morte é o abraço do Senhor
a ser vivido com esperança."
(Papa Francisco)

O significado etimológico da palavra "luto" (derivada do latim *luctus*) é dor, mágoa, lástima, tristeza ou aflição. Se você tiver curiosidade de pesquisar, verá que todas as definições dos dicionários apontam para um mesmo sentimento: a mágoa profunda proveniente de uma perda.

Aqui vale a pena recordar o pai da psicanálise, Sigmund Freud e seu livro: *Luto e melancolia* (1917). Pode-se afirmar que este é um de seus escritos mais estudados e onde Freud traz o termo *Trauerarbeit*, que significa "o trabalho do luto". Para ele, o luto é "a reação à perda de um ente querido, à perda de alguma abstração que ocupou o lugar de um ente querido, como o país, a liberdade ou o ideal de alguém, e assim por diante".

Em síntese, o luto é a dor da perda! E este é um tema que vem sendo oficialmente estudado há mais de cem anos. Isso se explica por que, enquanto vivermos, sempre haverá perdas, tanto físicas quanto simbólicas, dado que a vida é uma variável, não uma constante, como nos recorda Santa Teresa D'ávila: "Nada te perturbe. Nada te espante. Tudo passa, só Deus não muda. A paciência tudo alcança. Quem a Deus tem, nada lhe falta". Isto significa que a vida pode mudar em questão de segundos. E, se de um lado esta afirmação pode nos causar ansiedade e angústia, por outro, pode nos ajudar a compreender que cada minuto de vida é tempo de louvar e agradecer, de amar e ser amado até o nosso último suspiro nesta terra.

Entender que todos somos peregrinos neste mundo, que nossa pátria está muito mais além, que somos cidadãos do infinito, pode nos ajudar a dar sentido a tudo, inclusive, à morte. Pois, se há um sentido em tudo na vida, então deve haver um sentido também para o sofrimento, que é parte indelével da vida.

Como afirmamos antes, a nossa condição humana nos torna sensíveis ao sofrimento e sujeitos à morte. Mas o fato é que a vida humana só é o que é por ser finita, e é isto que a torna preciosa e completa. Portanto, celebrar as cerimônias de despedida, com todos os ritos fúnebres, é necessário e fundamental para maior aceitação da perda e vivência do processo de luto, evitando, assim, o desespero, que é o sofrimento sem propósito.

Respeitar a dor

Nenhuma dor de luto é em vão, mas ela existe e precisa ser assimilada. O grande problema é encontrar *como* dar sentido a essa dor. Isso nos faz recordar um evento em que o pai da logoterapia, Viktor Frankl, conta em um de seus livros. Ele narra que certo homem havia perdido o sentido da vida devido à dor do luto por sua amada. A dor lhe tirara a alegria de viver, a ponto de não mais saber qual era sua missão na vida. Depois de ouvir esse senhor com atenção, disse-lhe: "Você não sabe qual é sua missão na vida? Então, já tem uma: encontrá-la".

Se não está em nossas mãos mudar uma situação que causa dor, sempre se poderá escolher a atitude com que encarar esse sofrimento. A pessoa humana precisa estar consciente de que sua missão é viver uma vida plena de sentido e dar respostas transcendentes a cada situação. Pois, cada vez mais, as pessoas têm os meios para viver, mas não têm uma razão para viver.

Toda pessoa que está passando pela experiência do luto precisa sentir plenamente as dores das perdas, do luto, do fracasso e, até mesmo, da raiva. É um desastre fugir de tudo o que traz recordação, saudade, dor. Por isso, os rituais de despedida e os rituais de preservação da memória de um ente querido falecido são importantes na vivência saudável do processo de luto. E é importante que a Pastoral da Esperança, ministros ordenados e leigos tenham um conhecimento básico desses processos para ajudar aqueles e aquelas que vivem o luto. Para tanto, retomando o termo de Freud, vamos olhar de perto qual é o "trabalho do luto".

"Tanatologia" é um termo originário do grego *Thanatus*. Na mitologia grega, esse é o nome que recebe o Deus da morte, enquanto *logia* é também um sufixo que provém do grego e significa "estudo". Desse modo, esse termo significa o estudo da morte ou a teoria da morte.

Dentre os temas com que esse estudo se preocupa, destacam-se o luto, a violência – e os impactos que gera quando notícias sobre morte são veiculadas na mídia –, os cuidados com pacientes que estão com alguma doença em fase terminal, como as pessoas lidam com a perda. Esse tema também é abordado na formação de profissionais da medicina e no direito.

O trabalho do luto

De acordo com os tanatologistas (estudiosos sobre a morte e o morrer), existem vários tipos de luto:

Luto natural: Desencadeado pelo processo natural de uma perda significativa, que pode incluir a perda temporária de interesse pela vida. A pessoa tende a se isolar socialmente, já que o pensamento se volta quase exclusivamente para a saudade e a tristeza que sente. O cuidado é para não se permitir que esse período se prolongue demais e a dor acabe se tornando depressão.

Luto traumático: Perder alguém de uma forma violenta, como assassinato, acidente, tragédia, é mais traumático do que a morte natural. Esses eventos traumáticos geram uma sensação de horror complexa de ser gerenciada sem ajuda profissional.

Luto antecipatório: Começa a partir de um fato que não necessariamente a morte em si, mas algo que pode levar à morte, como o diagnóstico de uma doença grave, uma viagem para região de conflito ou perigosa. O processo de desespero impacta na consciência da pessoa e no modo de ela agir e se relacionar.

Luto adiado: Definido pela ausência das reações naturais presentes entre a maioria dos indivíduos enlutados. A pessoa não se permite sofrer pela perda nem expressa sentimento algum de pesar depois do falecimento do ente querido. Vive como se nada tivesse acontecido, mas, depois de um tempo, não consegue mais suportar, e o luto adiado vem com mais força. Adiar a experiência significa alguns riscos, até mesmo de contrair certas doenças psíquicas, como a ansiedade crônica.

Luto coletivo: É quando o processo de luto é desencadeado por alguma coisa que impacta muita gente simultaneamente: catástrofes, guerras, enchentes etc. O sentimento de angústia e dor profundas abala populações inteiras. Toda a comunidade é afetada pela prova da vulnerabilidade que todos temos diante do imprevisível.

Luto não reconhecido: O luto não reconhecido é muito sofrido porque é uma dor que se sente só. Não há espaço para quem sofreu a perda se expressar. Não há um ombro amigo nem palavras de carinho e consolo.

O período do luto mais difícil para a maioria das pessoas compreende os três primeiros meses após a morte do ente querido. É nesse meio-tempo que a frequência de visitas diminui, até praticamente desaparecer, pois a vida, para os demais, continua igual. Já para a família enlutada, os dias irão se alternar entre tranquilos e angustiantes. Somente a partir do quarto mês é que começa a ser possível elaborar melhor os pensamentos.

Com o tempo e aos poucos, a dor da lembrança de quem partiu começa a diminuir, deixando espaço para a saudade agradecida. E a pessoa se dá o direito de experimentar novamente as coisas boas da vida, abrindo espaço para a esperança em seu coração. Esse processo varia de pessoa para pessoa, pois, em se tratando da morte e do luto, somos todos aprendizes.

E, apesar de vivermos alguns "pequenos" lutos ao longo de nossa existência, como as transições de idade, as mudanças do corpo, perdas, rompimentos afetivos etc., o luto por um ente querido traz dor, raiva, tristeza, choro, e tudo isso é uma resposta natural e esperada diante de um rompimento radical como a morte. Tal experiência nunca será "superada", porque esse não é o objetivo do luto. Perder vínculos é também perder-se, mesmo que momentaneamente. Como superar a morte de um filho? Como superar a morte do amado ou da amada? Não dá!

O grande trabalho do luto é ensinar-nos a aprender a conviver com as dores que se foram e as que virão. Uma vez que se passa a enxergar o luto como parte natural da complexidade dos sentimentos humanos, isso não torna as coisas mais fáceis, mas passa-se a senti-lo em toda a sua integridade para que haja algum avanço para além da tristeza paralisante.

Possíveis passos

Recordar: Muitas vezes evitamos falar sobre a pessoa que partiu, como se isso fosse evitar o sofrimento. Na verdade, é o contrário. A nossa mente pode nos pregar peças, trazendo pequenos fragmentos do acontecido, e, em geral, só das partes tristes. Por isso, é importante "re-cordar", deixar passar de novo pelo coração as boas lembranças, dar vida à pessoa que se foi ao expressar em palavras aquilo que nos traz significado, falar sobre sua história, aquilo que a fazia feliz e sobre o que aquela pessoa significava para quem ficou. Cultivar as boas recordações dá sentido à dor da perda.

Criar redes de apoio: Não deixe que a pessoa se isole! A presença da família, dos amigos e amigas da comunidade de fé é absolutamente necessária como parte do processo. Fazer-se presente com muita delicadeza na vida de quem passa pelo luto, identificando os momentos certos de silenciar, retirar-se ou quando abordar com mais insistência, se necessário.

Buscar ajuda profissional: Nas fases iniciais do luto, a dor é feita de saudade e tristeza e, algumas vezes, de raiva, com um processo natural. Mas a tendência é olhar para trás, o que, se bem orientado, permite encontrar a força que brota do passado para poder encarar o futuro. Nesse processo, quem quer ajudar deve estimular a pessoa enlutada a fazer escolhas construtivas que superem os sentimentos de impotência e depressão em que muitos caem depois da morte de uma pessoa que amam. Aquele que é motivado a olhar para frente, sem evitar nem ignorar a dor, começa a crescer, assume a dor e integra-a na sua vida. No entanto, é preciso estar atento ao nível desses sintomas para que não virem depressão. Saber respeitar o que se vive é importante; por isso, caso haja necessidade, deve-se buscar a ajuda de um psicólogo.

Orar: Mesmo que seja para brigar com Deus, é importante buscar a oração. Falar com Deus quando o coração está apertado, quando mais nada faz sentido, pode levar a um patamar mais elevado da vida interior. No diálogo orante nesse nível, não se tem pudor de falar para Deus o que verdadeiramente se sente. E também torna possível entrar em um diálogo profundo com o ente querido que partiu, na certeza de que, em Deus, estamos unidos em um só corpo. Esse é o momento de colocar-se no colo de Maria e deixar que a Mãe do céu conforte o coração atribulado. E, quando finalmente se estiver preparado(a), será possível entregar esse ser amado a Deus, ciente de que desapegar-se não é esquecer.

QUARTO CAPÍTULO

Formação da Pastoral da Esperança

"E, aos que a certeza da morte entristece, a promessa da imortalidade consola.
Senhor, para os que creem em vós, a vida não é tirada, mas transformada.
E, desfeito o nosso corpo mortal, nos é dado,
nos céus, um corpo imperecível."
(Prefácio dos Fiéis defuntos)

Como vimos, o acompanhamento das pessoas enfermas, moribundas e enlutadas é exigente e demanda muita preparação religiosa, doutrinal e psicológica. É claro que devemos reconhecer e agradecer muito tudo o que a comunidade cristã, na pessoa de seus sacerdotes, ministros extraordinários da comunhão e tantos voluntários ligados a grupos paroquiais ou a movimentos, já fazem. No entanto, para responder a essa demanda tão urgente e necessária, não basta contar com a boa vontade do povo de Deus, mas também desenvolver uma pastoral de acompanhamento a esses grupos de necessidades específicas, com pessoas dedicadas e formadas adequadamente para exercer essa missão.

O ideal é que cada paróquia desenvolva uma pastoral de acompanhamento aos doentes e às famílias enlutadas, que, neste livro, chamamos de "Pastoral da Esperança", com o objetivo de anunciar a esperança cristã nos momentos de luto e de dor. Esses grupos poderão ser de grande ajuda à comunidade na reflexão sobre a concretização do Evangelho da consolação e da esperança, tendo como ações concretas a celebração comunitária do sacramento da unção dos doentes, a promoção de oração, antes, durante e depois da morte, e a preparação de materiais de apoio para os diferentes momentos.

Para tanto, sugerimos a elaboração de um calendário de formação que contemple informações básicas sobre:

> *Psicologia*: O papel da psicologia na aceitação da enfermidade, da morte e do luto é o de auxiliar o indivíduo a enfrentar e vivenciar esse processo, facilitando uma ressignificação da dor por meio da expressão dos sentimentos e da possibilidade de colocar em palavras o que está sendo vivido internamente. O conhecimento básico de como se dá esse processo no íntimo das pessoas dá à Pastoral da Esperança ferramentas para agir de forma mais acertada.
>
> *Tanatologia*: Suas áreas de estudo são luto, doença avançada, morte com dignidade, questões bioéticas, suicídio e comportamentos autodestrutivos, aproximação da morte e formação de profissionais de saúde e educação. Geralmente, enfermeiros e algumas áreas da psicologia fazem essa especialização. Uma ideia geral sobre esses assuntos será de grande ajuda.
>
> *Fisiologia*: É um campo da ciência muito importante para a saúde. Ter conhecimento da fisiologia humana, mesmo que básico, garante uma compreensão do funcionamento do corpo humano, fundamental para a criação de métodos que permitam ao corpo voltar ao equilíbrio em momentos de grande estresse e dor.
>
> *Teologia dos sacramentos*: É o estudo dos ritos e símbolos que a Igreja Católica reconhece como elementos referenciais para

a transformação da alma dos fiéis. Esse estudo é de suma importância para a Pastoral da Esperança, pois mostra a necessidade de situar os sacramentos no horizonte da vida das pessoas, principalmente, nos momentos de maior fragilidade humana.

Espiritualidade: A espiritualidade possibilita a busca por um significado mais profundo à vida, em qualquer estágio que se encontre, mediante uma conexão com o sagrado. Ela atende à necessidade de se encontrar razão e sentido nos eventos da vida, assim como de se encontrar esperança.

De cara, esses temas podem assustar, e parecer muito difícil trabalhar e encontrar os *experts* com preços acessíveis; mas recordemos que em nossas comunidades paroquiais temos todos esses profissionais que podem, se solicitados, dar essas formações como parte de sua contribuição na evangelização.

É importante ter claro que o objetivo dessas formações é capacitar a Pastoral da Esperança para lidar com as realidades que fazem parte de sua missão específica. Somem-se ao conhecimento teórico as técnicas de abordagem aos enfermos, moribundos e enlutados. Sem esquecer que todo o conhecimento adquirido alcançará seu auge no coração misericordioso do(a) ministro(a) da Esperança, que transmitirá, através de seu olhar compassivo, de seus gestos de acolhida e de suas palavras consoladoras, o amor de Deus que envolve e cura os corações feridos. O importante é que esse membro fragilizado do corpo de Cristo não se sinta "amputado", mas seja plenamente integrado e ajudado a viver, na dimensão da fé, a sua via-sacra.

Pastoral da Esperança e o agente ou ministro da Esperança

A Pastoral da Esperança é uma atividade organizada e sistemática de integração comunitária que, em consonância com a Igreja, dá assistência espiritual e humanitária aos que passam pela experiência do luto. Tem como missão primeira ser instrumento de evangelização, realizando o trabalho de assistência às famílias enlutadas, e presença cristã nas famílias, nos velórios e cemitérios, levando a certeza e a alegria da ressurreição.

O trabalho desse Ministério pode ser realizado por homens ou mulheres que se sintam aptos para essa missão, com condições físicas e psicológicas para lidar com a tristeza e a dor do próximo; deve agir não só com empatia, mas também com a devida distância emocional, para poder, assim, levar a mensagem de que a morte não é o fim de tudo, e que o seu lado triste e sombrio, iluminado pela fé, traz a certeza de que o Senhor Ressuscitado "enxugará toda lágrima dos nossos olhos, pois nunca mais haverá morte, nem luto, nem clamor, e nem dor haverá mais, pois coisas antigas se foram" (cf. Ap 21,4). Portanto, o(a) ministro(a) da Pastoral da Esperança deve demonstrar isso através do seu testemunho de fé, paz e solidariedade.

Sugestões para a formação do ministro da Pastoral da Esperança

1. É fundamental familiarizar-se com o processo de luto. Para tanto, livros, artigos, conversas com pessoas especializadas e diálogos com quem já viveu situações semelhantes é de grande ajuda. Esse conhecimento permite acompanhar quem sofre com maior serenidade.

2. Evite-se usar frases feitas, tais como: "Foi vontade de Deus", "Você tem outros filhos", "Foi melhor assim", "Ele está melhor que nós", "Seja forte", "Deus precisava dele", "Deus gostava dela e a levou"... Além de causar um distanciamento espiritual, estas frases magoam e causam culpa, provocando mais dor do que consolação.

3. Não tentem minimizar o sofrimento daqueles que desejam consolar. A dor não vai desaparecer de um dia para o outro. Preocupe-se mais em ser presença de fé. Se não lhe pediram conselhos, não saia distribuindo.

4. Entenda que as reações das pessoas diante da perda podem ser diferentes. Respeite e deixe que aquele que sofre ponha para fora seus sentimentos, mesmo que gritem ou xinguem, não importa. Dê espaço, sem julgar nem criticar. Não se inquiete achando que precisa dar respostas. Apenas seja empático e acolhedor, optando por frases como: "É natural que se sinta assim"; "Eu entendo, a perda dessa pessoa lhe causa profunda tristeza".

5. Busque ajudar a olhar para além do sofrimento, sem minimizar a dor ou as dificuldades. Ser presença de Deus é educar para a esperança, transformando cada pequeno passo em um estímulo para prosseguir.

6. Na visita aos enfermos em hospitais, lares ou nas famílias, a prioridade deve ser testemunhar o amor de Cristo para quem sofre e levar-lhes uma palavra de conforto. Ou seja, é um exercício gratuito de amor cristão, em resposta ao apelo de Jesus: "Estive enfermo e me visitastes" (Mt 25,36). Portanto, não visa, de forma nenhuma, ga-

nhar adeptos para a Igreja, aproveitando-se da situação de fragilidade do paciente e de sua família.

7. Na visita aos enfermos, moribundos ou aos funerais, antes de iniciar a oração, informe-se sobre a crença dos familiares mais próximos. Se houver crenças diferentes, busque uma linguagem comum com leituras bíblicas, salmos e cânticos, evitando posicionamentos polêmicos. Sua presença deve ser de paz, solidariedade, compaixão e preces.

8. Muitas vezes, nas celebrações do sétimo e trigésimo dia de morte, não é dada a devida atenção aos familiares. Pode acontecer que, para a comunidade, não passe de uma lembrança, mas, para os que perderam seu ente querido, a dor ainda é muito viva. Por isso, nas celebrações da comunidade, valorize a dor do luto e a vivência da esperança daquela família. Neste sentido, seria interessante que os ministros da Esperança se fizessem presentes nessas missas para acolher as famílias e, se conveniente, deixar uma mensagem de fé no final.

9. Durante a primeira semana depois do sepultamento, a visita à casa da família deve ser breve, sem longas conversas e discursos. É bom deixar que os familiares expressem seus sentimentos e se sintam à vontade. Evitem-se interrogatórios e perguntas invasivas. Recomendam-se os momentos de oração em comunidade, sem exageros.

10. Na morte acontece a ressurreição da pessoa por inteira. A prática pastoral atual deve superar o esquema corpo-alma e orar pelos nossos irmãos e irmãs falecidos,

entendidos como unidades indivisíveis, e não apenas pelas almas dos falecidos.

A morte e as cinco fases do luto

A Pastoral da Esperança estará, a todo momento, vivenciando o mistério da morte, seja no acompanhamento dos enfermos em estágio terminal, seja no acompanhamento das famílias enlutadas. Portanto, é de grande ajuda conhecer as etapas que fazem parte do processo de morte, pois, para cada etapa, há atitudes e posturas adequadas.

A doutora Elisabeth Kübler-Ross foi uma psiquiatra pioneira no tratamento de pacientes em estado terminal. Nascida na Suíça, em 8 de julho de 1926, ela escreveu, em 1969, seu livro mais famoso: *On Death and Dying* [Sobre a morte e o morrer]. Nele, identifica fases nos períodos que antecedem a morte, dando origem ao que hoje conhecemos como Modelo de Kübler-Ross, fundamental para médicos, enfermeiros e familiares acompanharem e ajudarem pacientes gravemente enfermos.

Durante a década de 1970, Ross iniciou uma série de *workshops* intitulados *Life, Death and Transtion*, para ajudar pacientes, famílias e pessoas enlutadas a encontrar sentido, dignidade e paz em suas vidas. Recebeu mais de vinte títulos de doutorado *honoris causa*, sendo reconhecida em diversas universidades em todo o mundo como autoridade nos estudos sobre a morte e o morrer.

Elisabeth Kübler-Ross faleceu em 24 de agosto de 2004, aos 78 anos de idade. Atualmente, a *Elisabeth Kübler-Ross Foundation* (EKR Foundation) representa o seu legado em todo o mundo, tendo filiais em diversos países, inclusive no Brasil.

O Modelo de Kübler-Ross concluiu que o enfermo elabora o processo da morte em cinco fases:

1. *Negação*: Ao receber a notícia de uma doença grave, a primeira reação da pessoa é, normalmente, negar essa realidade. Ela se recusa a acreditar que o diagnóstico esteja certo ou que isso possa estar acontecendo com ela; por esse motivo, tende a se isolar. O caminho para ajudar a pessoa nesta primeira fase é colocar-se à disposição, fazer-se presente sem, porém, forçá-la a falar.

2. *Raiva*: A pessoa briga com os médicos, com Deus e o mundo. A grande pergunta desta etapa, entre tantas outras, é: "Por que logo eu?". Será necessária muita paciência para com o enfermo e não se apressar para responder suas perguntas existenciais, pois respostas clichês ou vazias só tendem a piorar. Busque ser presença acolhedora.

3. *Negociação*: O doente fragilizado tenta prorrogar a vida através de promessas, orações, remédios, correntes etc. Pode acontecer que alguns enfermos encontrem a cura, pois, como nos diz o Evangelho: "Para Deus nada é impossível" (Lc 1,2), mas é preciso muito cuidado, pois nem tudo é compatível com a fé cristã e a adesão a Jesus Cristo.

4. *Depressão*: Para aqueles que não alcançam a cura, geralmente entram em um estado de depressão e tristeza profundas. O acompanhamento do moribundo nesta fase precisa ser feito com muito respeito, misericórdia e

acolhida. Ele ou ela tem todo direito de estar triste e de ter o tempo necessário para processar esse sentimento.

5. *Aceitação*: Depois de muita luta interior, a pessoa finalmente consegue aceitar sua situação e a possibilidade da morte já não a apavora como antes. Nesta última fase, o enfermo em estado terminal necessita de presença orante, que a ajude a fortalecer a fé na entrega total de si, unindo sua dor à de Jesus Cristo. A fé ajudará a enfrentar o momento de passagem.

Ousamos, aqui, apontar uma sexta fase, que consideramos importantíssima nesse processo de acompanhamento do moribundo:

6. *Aceitação da morte por parte da família*: Recordar que a família do moribundo está vivendo com ele as mesmas fases e, muitas vezes, com desespero e revolta diante da morte iminente de seu ente querido. Convém ajudá-los a acolher esse momento difícil.

QUINTO CAPÍTULO

Roteiro da missa ou celebração de sete dias

"Rezar pelos mortos é um ato de caridade espiritual que, em conformidade com a tradição da Igreja, manifesta nossa solidariedade com os irmãos falecidos, pedindo a Deus que os acolha em sua misericórdia e os conduza à vida eterna."
(São João Paulo II)

Em tempos passados, a celebração da missa por ocasião da morte ocorria, a princípio, diante do cadáver da pessoa, e por isso era chamada de "missa de corpo presente". Essa foi uma prática comum, principalmente nos vilarejos e cidades do interior, em que a escassez de padre não era tanta. Antes que a missa de corpo presente se tornasse inviável, já se havia instalado, no imaginário popular católico, a obrigação de mandar rezar missa pelos mortos. Como já existem bastantes opções de livros, folhetos e instruções da Igreja para as missas dos fiéis defuntos, optamos em não discorrer sobre o tema. Para esse tipo de celebração, aconselhamos usar o roteiro indicado no folheto "Missa da Esperança", da Paulus Editora.

Em seguida, apresentamos uma proposta de sete encontros para serem realizados na casa da família enlutada e uma proposta de um encontro a ser realizado com a mesma família um mês depois do funeral. O que se pretende com esses encontros é, acima de tudo, ajudar a família a fazer a entrega definitiva do ente querido a Deus, ao mesmo tempo que a comunidade de fé se coloca como presença compassiva de Jesus Misericordioso no seio da família que sofre. Cremos que o acompanhamento espiritual possa trazer conforto e esperança nesse momento de dor.

Roteiro de oração na casa da família enlutada durante os sete primeiros dias de luto

Como mencionamos antes, os primeiros dias depois do sepultamento do entre querido são os mais críticos, quando se sente com maior força a saudade de quem se foi. Com o objetivo de ajudar a comunidade de fé a se fazer presente nesse tempo de maior necessidade de oração, sugerimos aqui um simples roteiro de encontros para os sete primeiros dias depois do sepultamento.

Orientações:

Os encontros sejam realizados na casa da família enlutada;

Quem o organiza, oriente a família para que prepare um ambiente no qual serão deixados, até o sétimo encontro, uma vela, a Bíblia e os símbolos específicos de cada dia ou de acordo com o ambiente;

Combinar com a família a hora em que se realizará os encontros;

Convidar parentes, amigos, conhecidos e vizinhos.

PRIMEIRO DIA:

A luz da gratidão

(Providenciar: vela, Bíblia, foto da pessoa falecida, cantos e refrães conhecidos por todos.)

Animador(a): Queridos irmãos e irmãs, hoje nos reunimos nesta casa para rezar com esta família que vive a dor do luto. O tema que nos orienta neste primeiro encontro é: "A luz da gratidão".

Expressar gratidão pela vida de quem partiu é possível, mesmo em momentos de dor e luto. A gratidão pode ser uma forma de reconhecer os bons momentos e os aprendizados compartilhados com a pessoa falecida. A gratidão ameniza a dor e eterniza os momentos. Quando somos gratos pelos momentos vividos, pouco a pouco as boas lembranças vão tomando o lugar da dor, e um novo amanhecer se forma.

Canto à escolha

(Enquanto todos cantam, membros da família trazem a foto da pessoa falecida e um deles acende a vela.)

Animador(a): Este é o momento de fazermos memória de (*dizer o nome da pessoa falecida*), pois uma forma de expressar gratidão pela vida de quem partiu é lembrar-se dos bons momentos e agradecer a Deus por tudo o que vivemos juntos com ele(a). O que mais lembramos dessa pessoa e queremos agradecer?

(Deixar um tempo para que, quem quiser, fale, especialmente a família.)

Animador(a): A gratidão é um tema central na Bíblia, que incentiva os fiéis a serem agradecidos em todas as circunstâncias. Vamos ouvir a Palavra de Deus.

Canto de aclamação

Iluminação bíblica: Filipenses 4,6-7.

L: Palavra do Senhor.

T: *Graças a Deus!*

(Silêncio orante.)

Animador(a): Podemos fazer ressonância desta Palavra que ouvimos do Apóstolo Paulo repetindo as palavras que mais tocaram nosso coração.

(O[a] animador[a] também pode fazer uma reflexão sobre a passagem bíblica, caso ache oportuno.)

Preces

Animador(a): Queridos irmãos e irmãs, rezemos por *(dizer o nome da pessoa falecida)*, agradecendo seu tempo entre nós e pedindo ao Senhor que o(a) receba em seu coração misericordioso.

T: *Obrigado, Senhor!*

L: Por todo o bem que *(dizer o nome da pessoa falecida)* fez em sua vida.

T: *Obrigado, Senhor!*

L: Por essa família que continua firme em sua fé.

T: *Obrigado, Senhor!*

L: Por que acolheste *(dizer o nome da pessoa falecida)* em teu Reino de amor.

T: *Obrigado, Senhor!*

L: Por transformar a dor em nossos corações em gratidão.

T: Obrigado, Senhor!

L: Por termos sido assinalados para a ressurreição.

T: Obrigado, Senhor!

(Preces espontâneas.)

Animador(a): Senhor, queremos rezar por esta família para que aumente a própria fé nesta hora de dor. Confortai cada um(a) com a certeza da Ressurreição e acolhei *(dizer o nome da pessoa falecida)* junto a vós. Isto vos pedimos por intercessão de nossa Mãe Santíssima e por Nosso Senhor Jesus Cristo, que convosco vive e reina, na unidade do Espírito Santo, pelos séculos dos séculos.

T: Amém.

(Pai nosso... Ave Maria...)

Animador(a): Que o Senhor nos abençoe e nos guarde!

T: *Que ele nos mostre sua face e tenha piedade de nós.*

Animador(a): Que o Senhor volte para nós seu olhar e nos dê a paz!

T: *Que o Senhor nos abençoe. Em nome do Pai, do Filho e do Espírito Santo. Amém.*

Canto final à escolha

Segundo dia

A luz da união

(Providenciar: vela, Bíblia, imagem de Maria e cantos conhecidos por todos.)

Animador(a): Queridos irmãos e irmãs, hoje é o segundo dia que nos reunimos com esta família para rezarmos pelo descanso eterno de *(dizer o nome da pessoa falecida)*. O tema que nos orienta neste encontro é: "A luz da união".

Unidos como comunidade de fé, queremos pedir a Deus por esta família, para que receba a graça de transformar a dor em esperança e encontre forças na sua união e na fé.

Canto à escolha

(Enquanto todos cantam, um membro da família traz a imagem da pessoa falecida e outro acende a vela.)

Animador(a): Na hora em que a adversidade bate à porta, o amor e a empatia fazem a diferença. Quando estamos unidos, ninguém tem que suportar a dor sozinho. Esta é a graça da união: quando um membro da família sofre, todos sofrem. Quando um chora, todos choram com ele. O fardo pode ser pesado, mas a carga é dividida por muitos e tudo se torna mais leve. Os laços que nos ligam se tornam ainda mais fortes e sentimos na pele a coragem de que precisamos para superar este momento difícil.

T: *Em Cristo, somos Um!*

Animador(a): Convidamos os membros da família a ficarem de pé e a segurarem juntos a vela acesa, enquanto rezamos por vocês a oração a Nossa Senhora da Luz.

T: *Ó Senhora da Luz, dona de todas as graças, cobre-nos com o teu manto resplandecente, pois tu és a luz que nos guia pelas trevas e, pela tua imensa misericórdia, nos dás força e alento para seguir o nosso rumo, que nos leva até ti, ó Cheia de Graça!*

Nossa Senhora, pelo Espírito Santo iluminada, Mãe de Nosso Senhor, nossa fonte de luz, tu és a nossa força e o nosso caminho, e nos proteges por entre montanhas e vales, pelos desertos e ilhas, no sofrimento e na tortura, nas perseguições que sofremos.

Ó Nossa Senhora da Luz, nossa Mãe, cobre-nos com a tua interminável glória e continua a iluminar nosso caminho com a tua interminável e divina Luz, porque outra coisa não queremos ver senão as maravilhas de tua presença.

Ó Nossa Senhora da Luz, Mãe de Deus, ajuda-nos, com tua bondade infinita, a enfrentar todos os perigos e tentações, para que, com a tua preciosa ajuda, sigamos nosso caminho com a tua luz e longe da escuridão das trevas.

Amém.

Canto: "Pelas estradas da vida, nunca sozinho estás. Contigo pelo caminho, Santa Maria, vai. / Ó, vem conosco, vem caminhar, Santa Maria, vem!".

Animador(a): Maria é presença consoladora para quem sofre, pois também ela experimentou a dor e o sofrimento. Maria é também a Virgem que sabe ouvir o que o Senhor lhe diz. Peçamos a ela que nos ajude a acolher a Palavra de Deus.

Canto de aclamação

Iluminação bíblica: João 17,24-26.

L: Palavra da Salvação.

T: *Glória a vós, Senhor!*

(Silêncio orante.)

Animador(a): Podemos fazer ressonância desta Palavra que ouvimos do Evangelho repetindo as palavras que mais tocaram nosso coração.

(O[a] animador[a] também pode fazer uma reflexão sobre esta passagem bíblica, caso ache oportuno.)

Preces

Animador(a): Queridos irmãos e irmãs, este encontro de hoje desperta em nós o desejo de união, pois ninguém pode ver Deus em nós se não estivermos unidos uns com os outros e com ele. Jesus quer que vivamos unidos, como irmãos e irmãs de verdade. Confiantes, peçamos a ele o dom da união desta família, para que possam transformar a dor da saudade em força de união.

T: *Senhor, aumentai nossa união!*

L: Para que ninguém se afaste da fé em Cristo Jesus.

T: *Senhor, aumentai nossa união!*

L: Por esta família, para que sejam confortados nesta hora difícil.

T: *Senhor, aumentai nossa união!*

L: Para que este momento de dor faça crescer a nossa comunhão.

T: *Senhor, aumentai nossa união!*

L: Para que um dia nos encontremos reunidos no céu.

T: *Senhor, aumentai nossa união!*

(Preces espontâneas.)

Animador(a): Senhor, que a Páscoa de *(dizer o nome da pessoa falecida)* nos comprometa a viver mais unidos, de acordo com o

Evangelho, e que nossa fé aumente. Recebei *(dizer o nome da pessoa falecida)* em seu Reino de amor. Que, morrendo para este mundo, ele(a) viva para vós e que nenhum de nós se perca ou desanime na caminhada.

T: *Amém.*

(Pai nosso... Ave Maria...)

Animador(a): Que o Senhor nos abençoe e nos guarde!

T: *Que ele nos mostre sua face e tenha piedade de nós!*

Animador(a): Que o Senhor volte para nós seu olhar e nos dê a paz!

T: *Que o Senhor nos abençoe! Em nome do Pai, do Filho e do Espírito Santo.* Amém.

Animador(a): Em sinal de união, vamos nos dar um forte abraço.

Canto final à escolha

Terceiro dia

A luz da Fé

(Providenciar: vela, Bíblia, terço, foto da família e cantos conhecidos por todos.)

Animador(a): Queridos irmãos e irmãs, hoje é o terceiro dia que nos reunimos para rezar com esta família pelo descanso eterno de *(dizer o nome da pessoa falecida)*. O tema que hoje nos iluminará é: "A luz da fé".

A luz da fé na tradição católica se refere ao dom da presença encarnada e viva de Jesus Cristo. A luz da fé é dom de Deus que ilumina os caminhos da humanidade, dispersando as trevas do pecado e da morte. Mas sabemos que não é nada fácil perceber essa luz quando estamos envolvidos pela dor do luto; mesmo assim, devemos pedir. Buscar a luz da fé é ter os olhos voltados para Deus e para a cruz de Jesus Cristo, porque nele encontramos a verdadeira luz.

Canto à escolha

(Enquanto todos cantam, alguns membros da família trazem o terço, a foto da família, e um deles acende a vela.)

Animador(a): Acabamos de acender a vela que simboliza a nossa fé. *(Dizer o nome da pessoa falecida)* está na luz de Deus, na luz que não conhece ocaso, que não tem fim. Agora, em Cristo Jesus ele(a) brilhará como estrela por toda a eternidade.

T: *"Eu vim ao mundo como luz, para que todo aquele que crê em mim não permaneça nas trevas"* (Jo 12,46).

Animador(a): O domínio da escuridão sempre foi muito forte no mundo. Ele fragiliza a esperança, é causador de doença e de muita morte, porque muitas mentes estão dominadas pela escuridão.

T: *"Eu vim ao mundo como luz, para que todo aquele que crê em mim não permaneça nas trevas"* (Jo 12,46).

Animador(a): Se a fé é um dom de Deus, ela deve ser vivida como resposta de amor, de maneira responsável e comprometida, na prática da caridade e da misericórdia, em que não haja espaço para a solidão.

T: *"Eu vim ao mundo como luz, para que todo aquele que crê em mim não permaneça nas trevas"* (Jo 12,46).

Canto de aclamação

Iluminação bíblica: João 3,16-21.

L: Palavra da Salvação.

T: *Glória a vós, Senhor!*

(Silêncio orante.)

Animador(a): Podemos fazer ressonância desta Palavra que ouvimos do Evangelho, repetindo as palavras que mais tocaram nosso coração.

(O[a] animador[a] também pode fazer uma reflexão sobre esta passagem bíblica, caso ache oportuno.)

Preces

Animador(a): Confiantes em Deus, peçamos pela intercessão de Jesus Cristo, para que ele conceda o descanso eterno a *(dizer o nome da pessoa falecida)* e o consolo que vem da fé para toda a sua família.

T: *Deus é luz! Nele não há trevas!*

L: Deus Pai, acolhei em vossa casa *(dizer o nome da pessoa falecida)*, nós vos pedimos.

T: *Deus é luz! Nele não há trevas!*

L: Senhor, revigorai a fé e fortalecei a esperança dos familiares e conhecidos de *(dizer o nome da pessoa falecida)*, nós vos pedimos.

T: *Deus é luz! Nele não há trevas!*

L: Mesmo quando tudo parecer escuro e sem sentido, lembremos...

T: *Deus é luz! Nele não há trevas!*

(Preces espontâneas.)

Animador(a): Invoquemos a bênção de Deus Pai, para que ele estenda sobre nós a sua mão de Pai e amigo. Abençoai *(dizer o nome da pessoa falecida)*, que nasceu para a Vida Eterna, e a todos nós que esperamos com fé o nosso encontro definitivo.

T: *Amém.*

(Pai nosso... Ave, Maria...)

Animador(a): Que o Senhor nos abençoe e nos guarde!

T: *Que ele nos mostre sua face e tenha piedade de nós!*

Animador(a): Que o Senhor volte para nós seu olhar e nos dê a paz!

T: *Que o Senhor nos abençoe! Em nome do Pai, do Filho e do Espírito Santo. Amém.*

Canto final à escolha

Quarto dia

A luz da esperança

(Providenciar: vela, Bíblia, sementes de girassol [ou outras] e cantos conhecidos por todos.)

Animador(a): Queridos irmãos e irmãs, neste quarto dia de memória agradecida pela páscoa eterna de nosso(a) irmão(ã) *(dizer o nome da pessoa falecida)*, vamos refletir o tema: "A luz da esperança".

A esperança cristã é fundamentada na ressurreição de Cristo e na promessa de vida eterna. É um valor e uma virtude que, juntamente com a caridade e a fé, conduzem à vida plena. Cheios de esperança, cantemos...

Canto à escolha

(Enquanto todos cantam, membros da família trazem as sementes e um deles acende a vela.)

L1: A esperança cristã é um presente de Deus que devolve aos corações entristecidos a alegria de viver. É uma virtude que não se extingue e faz brotar nova vida. Ela é como a âncora que segura firme o barco da vida quando enfrenta as tempestades.

T: *A vida eterna está escondida dentro de nós.*

L2: Como a semente que traz dentro de si um profundo mistério de morte e vida, de fé e esperança, assim também somos nós. O corpo que é plantado na terra ressurge glorioso para a vida eterna. Por isso, esta semente que recebemos é símbolo da esperança.

T: *A vida eterna está escondida dentro de nós.*

Animador(a): Sim, a vida eterna está escondida dentro de nós, e, à medida que vamos crescendo e amadurecendo, um dia, a sementinha vai se abrir, vai deixar a casca aqui na terra. Por isso, confiantes, podemos expressar as esperanças que trazemos em nossos corações.

(Distribuir as sementes e convidar para que, quem quiser, expresse qual a esperança que traz no coração.)

Canto à escolha

Animador(a): O Papa Francisco lembrou este tema nas suas catequeses: “A esperança cristã é a espera de algo que já está consumado. Assim é a esperança cristã: ter a certeza de que eu estou a caminho para algo que é, e não para que eu quero que seja. A esperança cristã é a espera de uma coisa que já está consumada e que certamente se realizará para cada um de nós. Também a nossa ressurreição, e aquela dos queridos defuntos, portanto, não é uma coisa que poderá chegar ou não, mas é uma realidade certa, enquanto radicada no evento da ressurreição de Cristo".

Canto de aclamação

Iluminação bíblica: Romanos 5,1-5.

L: Palavra do Senhor.

T: *Graças a Deus!*

(Silêncio orante.)

Animador(a): Podemos fazer ressonância desta Palavra que ouvimos do Apóstolo Paulo repetindo as palavras que mais tocaram nosso coração.

(O[a] animador[a] também pode fazer uma reflexão sobre esta passagem bíblica, caso ache oportuno.)

Preces

Animador(a): Com esperança renovada, peçamos ao Pai, por seu Filho Jesus Cristo, que envie o Espírito Santo sobre todos nós e sobre sua Igreja. Confiantes, rezemos:

T: *Espírito Santo, fonte de esperança, renovai em nós a confiança em vosso amor e em vossa presença constante!*

L: Aumenta em nós a certeza da vida eterna e dai a *(dizer o nome da pessoa falecida)* o prêmio dos justos.

T: *Espírito Santo, fonte de esperança, renovai em nós a confiança em vosso amor e em vossa presença constante!*

L: Transforma a dor da saudade em esperança de reencontro na vida eterna.

T: *Espírito Santo, fonte de esperança, renovai em nós a confiança em vosso amor e em vossa presença constante!*

L: Renova nesta família a esperança de viver.

T: *Espírito Santo, fonte de esperança, renovai em nós a confiança em vosso amor e em vossa presença constante!*

(Preces espontâneas.)

Animador(a): Senhor, caminhamos na esperança de que um dia, quando tudo for renovado por meio da vossa Ressurreição, voltaremos a reencontrar *(dizer o nome da pessoa falecida)* junto a vós. Dai-nos a força necessária para continuar nossa missão, até o dia de nossa páscoa definitiva. Vos pedimos por intercessão de vossa Mãe, Nossa Senhora da Esperança.

T: *Amém.*

(Salve, Rainha...)

Animador(a): Que o Senhor nos abençoe e nos guarde.

T: *Que ele nos mostre sua face e tenha piedade de nós.*

Animador(a): Que o Senhor volte para nós seu olhar e nos dê a paz.

T: *Que o Senhor nos abençoe. Em nome do Pai, do Filho e do Espírito Santo. Amém.*

Canto final à escolha

Quinto dia

A luz do amor

(Providenciar: vela, Bíblia, cruz e cantos conhecidos por todos.)

Animador(a): Queridos irmãos e irmãs, no quinto dia de nosso encontro, onde fazemos memória agradecida pelo descanso eterno de nosso(a) irmão(ã) *(dizer o nome da pessoa falecida)*, seremos iluminados pelo tema: "A luz do amor".

Desejamos que *(dizer o nome da pessoa falecida)* esteja na plenitude do amor de Deus. Ele(a) que superou tudo e agora se encontra no coração amoroso do Pai e de lá intercede por todos nós, principalmente por sua família.

Canto à escolha

(Enquanto todos cantam, um membro da família traz a cruz e outro acende a vela.)

L1: O amor é uma força que pode transformar qualquer situação de morte em vida. O amor é a origem do plano da salvação. Foi por amor que Deus enviou o seu Filho para nos salvar. Foi por amor que Jesus abraçou a cruz e deu a própria vida, tornando a cruz símbolo do amor verdadeiro que vai até as últimas consequências.

T: *O amor de Deus é a fonte inesgotável de paz, consolo e orientação.*

L2: Deus não mede o amor na balança das nossas vitórias ou dos nossos fracassos: Deus nos ama e basta! Ama-nos porque somos filhos, e o faz com amor incondicional, um amor gratuito.

T: *Para o seu coração nunca é tarde, ele nos procura e nos espera sempre.*

Canto de aclamação

Iluminação bíblica: João 3,16-18.

L: Palavra da Salvação.

T: *Glória a vós, Senhor!*

(Silêncio orante.)

Animador(a): Podemos fazer ressonância desta Palavra que ouvimos do Evangelho repetindo as palavras que mais tocaram nosso coração.

(O[a] animador[a] também pode fazer uma reflexão sobre esta passagem bíblica, caso ache oportuno.)

Preces

Animador(a): Senhor, que criastes o sol e as estrelas, também queremos vos louvar com perfeição. Vós sois a luz que nunca se apaga. Que o amor, simbolizado nesta cruz, nunca perca sua beleza entre nós. Queremos amar-vos e amar-nos como Jesus nos amou. Pedimos que sempre reine nesta casa o amor.

T: *Que o amor reine nesta casa!*

L: Senhor, ajudai-nos a entender que a escuridão da morte deve ser enfrentada com um trabalho mais intenso de amor.

T: *Que o amor reine nesta casa!*

L: Senhor, ajudai-nos a acolher o luto como tempo de reflexão sobre o amor que nos une a quem já partiu e a todos os outros que ainda podemos aproveitar.

T: *Que o amor reine nesta casa!*

L: Senhor, agradecemos por todo amor que *(dizer o nome da pessoa falecida)* semeou em sua vida. Por vossa bondade, concede a ele(a) a luz eterna, e a nós, a graça de viver espalhando amor e bondade.

T: *Que o amor reine nesta casa!*

(Preces espontâneas.)

L1: O amor é um caminho para enfrentar o luto, e a fé é um consolo nos momentos de dor. Cada vez que a família em luto encontra força para preservar a fé e o amor que a une àqueles que ama, já está impedindo que a morte leve tudo.

T: *A experiência de luto precisa de espaço e tempo para se expressar, pois é o testemunho do amor que nutrimos por aqueles que partem.*

Animador: Senhor Jesus, vós que nos mostrastes que o amor é mais forte que a morte (Ct 8,6-7), fazei-nos compreender que o caminho da salvação se dá em aumentar o amor, tornando-o mais sólido, pois é o amor que nos protegerá até o dia em que toda lágrima será enxugada, quando "não haverá mais morte, nem lamentação, nem dor" (Ap 21,4).

T: *Amém.*

(Pai nosso... Ave Maria...)

Animador(a): Que o Senhor nos abençoe e nos guarde!

T: *Que ele nos mostre sua face e tenha piedade de nós!*

Animador(a): Que o Senhor volte para nós seu olhar e nos dê a paz!

T: *Que o Senhor nos abençoe! Em nome do Pai, do Filho e do Espírito Santo. Amém.*

Canto final à escolha

Sexto dia

A luz da alegria

(Providenciar: vela, Bíblia, flores e cantos conhecidos por todos.)

Animador(a): Irmãos e irmãs, neste sexto dia de encontro, onde nos reunimos para rezar pelo descanso eterno de *(dizer o nome da pessoa falecida)* e para nos fazer solidários com esta família enlutada, somos iluminados pelo tema: "A luz da alegria".

Recomeçar após o luto é um ato de coragem e amor, tanto por quem partiu quanto por você mesmo. Permitir-se viver, rir e celebrar a vida honra a memória de quem partiu e, principalmente, é um ato de fé no Deus da vida.

Canto à escolha

(Enquanto todos cantam, um membro da família traz as flores e outro acende a vela.)

L1: Jesus prometeu que os que estão tristes serão consolados. Desespero não salva nem ajuda ninguém, ao contrário, apenas piora as coisas. É claro que chorar por quem amamos é normal e devemos viver o luto, mas sempre com a oração suplicante e confiante de quem se coloca nos braços de Deus, que pode transformar nosso pranto em festa.

T: *Deus transforma nosso luto em alegria.*

L2: No contexto do sofrimento, Jesus penetra na nossa tristeza, ajudando-nos a ficarmos de pé. Ele renova nossas forças e nos convida para continuar a dança da vida.

T: *Deus transforma nosso luto em alegria.*

L1: A alegria cristã é uma disposição interior que surge da fé, transcende as circunstâncias externas e se manifesta mesmo nas situações mais difíceis da vida. É também uma realidade espiritual, fruto da relação profunda com Deus, e por isso ela é fonte de consolo, paz, abandono e confiança.

L2: Nós, cristãos, temos um motivo fundamental para estarmos alegres: "Somos filhos de Deus e nada nos deve atormentar, nem mesmo a morte, porque em Cristo sabemos que a última palavra será sempre de vida. Nele está o verdadeiro sentido da vida e da alegria".

Canto de aclamação

Iluminação bíblica: Salmo 30(29).

L: Glória ao Pai, ao Filho e ao Espírito Santo!

T: *Como era no princípio, agora e sempre, amém.*

(Silêncio orante.)

Animador(a): Podemos fazer ressonância desta Palavra que ouvimos do Salmo repetindo as palavras que mais tocaram nosso coração.

(O[a] animador[a] também pode fazer uma reflexão sobre esta passagem bíblica, caso ache oportuno.)

Preces

Animador(a): A alegria cristã é um fruto do Espírito que liberta da tristeza e do tédio, porque a ressurreição de Jesus é a vitória da vida sobre a morte, da esperança sobre o desânimo. Certos de que a alegria enche o coração e a vida inteira daqueles que se encontram com Jesus, rezemos:

T: *Fazei-nos alegres, Senhor!*

L: Mesmo quando acontecerem coisas tristes em nossas vidas...

T: *Fazei-nos alegres, Senhor!*

L: Mesmo quando morrer alguém que nós amamos...

T: *Fazei-nos alegres, Senhor!*

L: Mesmo quando tudo parecer escuro e sem sentido...

T: *Fazei-nos alegres, Senhor!*

L: Mesmo quando for difícil sorrir...

T: *Fazei-nos alegres, Senhor!*

(Preces espontâneas.)

Animador(a): Somente dando graças ao encontro – ou reencontro – com o amor de Deus, que se converte em amizade feliz, é que somos resgatados da nossa tristeza e fechamento. A alegria deve ser a característica da nossa fé também nos momentos mais ruins. Lembrar sempre que o Senhor está comigo, que o Senhor está conosco, que o Senhor ressuscitou.

T: *Felizes os que choram, porque serão consolados.*

Animador: Invoquemos aqueles que já estão com Deus. Eles foram como nós: sentiram alegrias e tristezas, tiveram falhas e virtudes, mas lutaram para viver na alegria.

L: Santa Maria, Mãe de Jesus...

T: *Rogai por nós!*

L: São José...

T: *Rogai por nós!*

L: São Felipe Neri, santo da alegria...

T: *Rogai por nós!*

L: São Pedro e São Paulo...

T: *Rogai por nós!*

(Invocações espontâneas.)

T: *Amém.*

(Pai nosso... Ave Maria...)

Animador(a): Que o Senhor nos abençoe e nos guarde!

T: *Que ele nos mostre sua face e tenha piedade de nós!*

Animador(a): Que o Senhor volte para nós seu olhar e nos dê a paz.

T: *Que o Senhor nos abençoe! Em nome do Pai, do Filho e do Espírito Santo. Amém.*

Canto final à escolha

SÉTIMO DIA

A luz de Cristo

(Providenciar: uma vela na mesa, Bíblia, velas para todos os participantes e cantos conhecidos por todos.)

Animador(a): Irmãos e irmãs, neste sétimo dia de encontro, nós nos reunimos para rezar pelo descanso eterno de *(dizer o nome da pessoa falecida)*, e para nos fazermos solidários com esta família enlutada.

Durante seis dias refletimos sobre a luz da gratidão, da união, da fé, da esperança, do amor e da alegria. Neste último encontro, fechamos estes sete dias iluminados pelo tema: "A luz de Cristo", que dá sentido ao nosso viver e morrer.

Canto à escolha

(Enquanto todos cantam, um membro da família acende a vela sobre a mesa e outros distribuem as demais velas para todos os participantes.)

L1: Deus não nos fez para a morte, mas para a vida. Deus não nos fez para as trevas, mas para a luz. Deus não nos fez para o sofrimento, mas para a ressurreição.

T: *"Quem acredita em mim, mesmo que esteja morto, viverá".*

L2: Os animais e vegetais caem para nunca mais se levantar. Nós, porém, fomos criados para viver sempre. Existe dentro de nós a semente da imortalidade. Jesus Cristo morreu, mas Deus o ressuscitou. Como ele, também haveremos de ressuscitar.

T: *"Quem acredita em mim, mesmo que esteja morto, viverá".*

Animador(a): Como discípulos e discípulas, colocamo-nos com o coração aberto para acolher a Palavra de vida.

Canto de aclamação

Iluminação bíblica: João 14,1-3.

L: Palavra da Salvação.

T: *Glória a vós, Senhor!*

(Silêncio orante.)

Animador(a): Como símbolo das promessas do nosso Batismo, vamos acender nossas velas e, com confiança, fazer nosso Ato de fé, professando juntos o Creio.

T: *Creio em Deus Pai...*

L1: A morte é apenas um estágio da nossa vida: nascemos, crescemos, morremos. Embora a morte seja algo natural, ela nos assusta.

Entretanto, temos de aceitar a nossa morte e a morte das pessoas que amamos. Dizer como São Francisco, que exclamou quando estava morrendo: "Seja bem-vinda, irmã morte!".

T: *"Quem acredita em mim, mesmo que esteja morto, viverá".*

L2: Jesus disse: "Eu sou a luz do mundo. Quem me segue não anda nas trevas, mas terá a luz da vida. Eu, a luz, vim ao mundo para que aquele que crê em mim não permaneça nas trevas" (Jo 8,12; 12,46).

T: *"Quem acredita em mim, mesmo que esteja morto, viverá".*

Preces

Animador(a): Queridos irmãos e irmãs, vamos agradecer a Deus as luzes que Deus nos concedeu durante estes sete encontros de oração que fizemos pelo descanso eterno de *(dizer o nome da pessoa falecida)*, e por sua família:

L: Pela luz da gratidão...

T: *Obrigado, Senhor!*

L: Pela luz da união...

T: *Obrigado, Senhor!*

L: Pela luz da fé...

T: *Obrigado, Senhor!*

L: Pela luz da esperança...

T: *Obrigado, Senhor!*

L: Pela luz do amor...

T: *Obrigado, Senhor!*

L: Pela luz da alegria...

T: *Obrigado, Senhor!*

L: Pela luz de Cristo em nossas vidas...

T: *Obrigado, Senhor!*

L: Pela certeza da Vida Eterna de *(dizer o nome da pessoa falecida)*...

T: *Obrigado, Senhor!*

(Preces espontâneas.)

Animador(a): De mãos dadas, rezemos juntos a Oração que o Senhor Jesus nos ensinou.

(Pai nosso...)

Animador(a): Agora, impondo nossas mãos sobre esta família, peçamos para ela as bênçãos de Deus, por intercessão de nossa Mãe.

(Ave Maria...)

Animador(a): Que o Senhor nos abençoe e nos guarde!

T: *Que ele nos mostre sua face e tenha piedade de nós!*

Animador(a): Que o Senhor volte para nós seu olhar e nos dê a paz.

T: *Que o Senhor nos abençoe! Em nome do Pai, do Filho e do Espírito Santo. Amém.*

Canto final à escolha

SEXTO CAPÍTULO

Roteiro de oração na casa da família enlutada, no trigésimo dia após o sepultamento

(Providenciar: ambiente com flores, vela, foto da pessoa falecida, e, na medida do possível, dar para a família enlutada uma pequena imagem ou pôster de Nossa Senhora, ou outro símbolo que comunique a presença de Maria que permanece na família, cuidando de todos, e também como símbolo da comunidade de fé.)

Animador(a): Queridos irmãos e irmãs, novamente nos reunimos com esta família para rezar por *(dizer o nome da pessoa falecida)*, que terminou sua caminhada na terra. Queremos agora professar nossa fé na ressurreição e elevar nossas preces ao Deus da Vida, para que nosso(a) irmão(ã) *(dizer o nome da pessoa falecida)* esteja em seu Reino acompanhado(a) pelos anjos e santos na alegria da eternidade.

Em nome do Pai, do Filho e do Espírito Santo.

T: *Amém!*

Canto à escolha

(Enquanto todos cantam, alguém acende a vela.)

Animador(a): A graça, a paz e a bênção do Cristo Ressuscitado, nossa única esperança, estejam em vossos corações e, principalmente, nos corações dos familiares e amigos que ainda sofrem pela partida de *(dizer o nome da pessoa falecida)*.

T: *Bendito seja Deus que nos reuniu no amor de Cristo!*

Animador(a): Irmãos e irmãs, nos momentos de perda somos convidados a não perder a esperança e a confiar em Deus, Trindade Santa, que nos criou para a vida, e não para a morte. Juntos, exaltemos nosso Deus, que "tudo pode", por meio deste ato de esperança e de fé:

T: *Senhor, Pai Todo-poderoso, cremos que vosso Filho morreu e ressuscitou por nós. Vós nos remistes e marcastes nossas vidas com o mistério da Cruz e da Ressurreição do vosso Filho.*

Senhor Jesus, dai-nos fé e esperança para entendermos que a morte não é o fim, mas o início de uma vida nova e eterna.

Senhor Jesus, dai-nos o Espírito de Amor para percebermos que nossos corpos, embora morrendo, não perecem, mas se transfiguram.

Senhor Espírito Santo de amor, vinde em nosso auxílio e cumulai-nos com as graças e bênçãos dos céus, a fim de que, ainda que consternados pela perda de nossos entes queridos, professemos sinceramente nossa fé na ressurreição dos mortos. Amém.

Canto de aclamação

Iluminação bíblica: João 14,1-3.

L: Palavra da Salvação.

T: *Glória a vós, Senhor!*

(Silêncio orante.)

Animador(a): Jesus nos ensina que na casa do Pai existem muitas moradas, e que essas moradas são obras do próprio Deus. Para lá se dirigiu o Senhor Nosso, Jesus Cristo, para preparar-nos um lugar em habitação tão santa.

T: *Por isso, cremos que a morte não é o fim, pois o Cristo se tornou para nós a Ressurreição e a Vida.*

L1: Com a morte, iniciamos outra vida: vida de alegria, de paz e de felicidade na contemplação do próprio Deus, face a face.

T: *Por isso, cremos que a morte não é o fim, pois o Cristo se tornou para nós a Ressurreição e a Vida.*

L2: Para nós, cristãos, a ocasião da morte é, portanto, o momento do chamado de Cristo para habitarmos em uma das moradas do Pai e ali, livres do pecado e da morte, vermos a Deus tal qual ele é por toda a eternidade.

T: *Por isso, cremos que a morte não é o fim, pois o Cristo se tornou para nós a Ressurreição e a Vida.*

Animador(a): A nós que ainda peregrinamos neste mundo, a nós que cremos no "Deus dos vivos", resta-nos a esperança de um dia irmos também para a casa do Pai, onde nos encontraremos novamente com nossos familiares, amigos e irmãos. E, então, formaremos todos uma só família, a família de Deus. E no céu viveremos, em companhia dos anjos e dos santos, como irmãos, gozando e participando da própria vida do Deus Trindade.

T: *Assim seja! Amém.*

Animador(a): Irmãos e irmãs, rezemos pelo(a) nosso(a) irmão(ã) *(dizer o nome da pessoa falecida).*

L1: Vós que chorastes sobre Lázaro, enxugai as nossas lágrimas.

T: *Nós vos pedimos, Senhor!*

L2: Vós que ressuscitastes os mortos, dai a vida eterna a este(a) nosso(a) irmão(ã) *(dizer o nome da pessoa falecida).*

T: *Nós vos pedimos, Senhor!*

L1: Acolhei, entre os santos, este(a) nosso(a) irmão(ã) que, em vida, fora purificado(a) com a água do Batismo e assinalado(a) pela Sagrada Unção.

T: *Nós vos pedimos, Senhor!*

L2: Recebei à mesa do vosso Reino este(a) nosso(a) irmão(ã) tantas vezes alimentado pelo vosso Corpo e Sangue.

T: *Nós vos pedimos, Senhor!*

L1: Fortalecei, pela consolação da fé e pela esperança da vida eterna, esta família entristecida pela morte de nosso(a) irmão(ã) *(dizer o nome da pessoa falecida).*

T: *Nós vos pedimos, Senhor!*

Animador(a):

(Pai nosso... Ave Maria)

T: *Dai-lhe, Senhor, o descanso eterno, e a luz perpétua o(a) ilumine. Descanse em paz. Amém. (3x)*

T: Ó Deus, glória dos fiéis e vida dos justos, que nos remistes pela morte e ressurreição do vosso Filho, concedei a este nosso irmão(ã) *(dizer o nome da pessoa falecida)* que, tendo professado o mistério da vossa ressurreição, mereça alegrar-se na eterna felicidade. Pelos parentes e amigos, e por vossa bondade, consolai os corações dos familiares e amigos. Por nosso Senhor Jesus Cristo, vosso Filho, na unidade do Espírito Santo.

T: Amém.

Animador(a): Que o Senhor vos abençoe e vos proteja!

T: *Amém.*

Animador(a): Que o Senhor vos mostre a sua face e tenha misericórdia de vós!

T: *Amém.*

Animador(a): Que o Senhor volte seus olhos para vós e vos dê a sua paz!

T: *Amém.*

Animador(a): Bendigamos ao Senhor!

T: *Demos graças a Deus!*

Canto à escolha.

Pensamento dos santos e beatos sobre a morte

"A Igreja tomou para si o encargo de orar por todos aqueles que morreram dentro da comunhão cristã e católica, ainda que não conheça todos os nomes [de seus fiéis defuntos], ela os inclui numa comemoração geral. Dessa forma, aqueles que não possuem mais pais, filhos ou outros parentes e amigos para auxiliá-los, são amparados pelo sufrágio dessa piedosa Mãe Comum."
(Santo Agostinho)

Santo Agostinho

"Encontrarás o meu coração, reencontrarás nele a ternura purificada. Enxuga tuas lágrimas e não chores, se me amas: o teu sorriso é a minha paz."

"O meu nome seja sempre a palavra familiar de antes: pronunciai-o sem o mínimo sinal de sombra ou de tristeza."

"Aqueles que nos deixaram não estão ausentes; são invisíveis, têm seus olhos repletos de glória, fixos em nossos repletos de lágrimas."

"Nossa vida conserva todo o significado que sempre teve: é a mesma de antes; existe uma continuidade que não se rompe."

"Fizeste-nos, Senhor, para ti, e o nosso coração anda inquieto enquanto não descansar em ti".

Santo Alberto Hurtado

"Para o cristão, a morte não é a derrota, e sim a vitória: o momento de ver a Deus; a morte para encontrá-lo, a eternidade para possuí-la... A morte para o cristão não é o grande susto, e sim a grande esperança."

Santo Antônio de Lisboa

"Quem se humilha no pensamento da morte, põe em ordem toda sua vida, e está atento a tudo que o rodeia. Afasta de si a ociosidade, se anima nos trabalhos, confia na misericórdia do Senhor, e dirige o curso de uma existência vazia ao porto da eternidade."

São Cipriano

"Quando partimos desta vida, já não é possível fazer penitência e não tem efeito satisfatório. Aqui se perde ou se ganha a vida."

Santa Madre Teresa de Calcutá

"No momento da morte, não seremos julgados pela quantidade de trabalho que temos feito, mas pelo tanto de amor que colocamos em nossos trabalhos."

São Bernardo

"A morte vos espera em toda parte; se fordes prudentes, esperai vós por ela em todo lugar."

São Padre Pio de Pieltrecina

"Oh morte, eu não sei quem pode temê-la, já que, por ti, a vida se abre para nós."

São Francisco de Assis

"Lembra-te que, quando abandonares esta terra, não poderás levar contigo nada do que tens recebido, somente o que tens dado: um coração enriquecido pelo serviço honesto, o amor, o sacrifício e o valor."

"Louvado sejas, meu Senhor, por nossa irmã a Morte corporal, da qual homem algum pode escapar. Ai dos que morrerem em pecado mortal! Felizes os que ela achar conformes à tua santíssima vontade, porque a segunda morte não lhes fará mal! Louvai e bendizei a meu Senhor, e dai-lhe graças, e servi-o com grande humildade" (Cântico das Criaturas).

"Terrível morte! Mas como é desejável a vida no outro mundo, onde Deus nos chama!"

Santa Teresa D'Ávila

"Vivo sem viver em mim, e de tal maneira espero que morro porque não morro... Vivo no Senhor."

"Que me importa estar no purgatório até o dia do juízo, se com as minhas orações pudesse ser salva mesmo uma única alma?"

"Vida é viver de modo a não temer a morte nem outra consequência no mundo."

"Lembro-me de que tinha quase doze anos quando a minha mãe morreu. Ao aperceber-me do que tinha perdido, fui muito aflita junto de uma imagem de Nossa Senhora e, banhada em lágrimas, supliquei-lhe que fosse ela a minha mãe. Foi uma prece feita com simplicidade, mas parece-me que me ajudou, pois tenho consciência de que encontrei esta Virgem soberana logo que me encomendei a ela."

Santo Afonso Maria de Ligório

"Tenha por certo o tempo que empregais com a devoção diante do Diviníssimo Sacramento, pois será o tempo que melhor os reportará nesta vida e mais os consolará em vossa morte e na eternidade."

Santa Teresinha do Menino Jesus

"É bom para mim morrer em Cristo Jesus, e melhor do que reinar até as extremidades da terra."

"Vou passar meu céu fazendo o bem na terra."

"Eu não morro, entro na vida."

São João da Cruz

"Quem a tudo souber morrer terá vida em tudo."

"No entardecer da vida seremos julgados pelo amor."

"Tenha sempre na memória a vida eterna, e que serão os mais abatidos e pobres, os que em menos conta se tem, que gozarão do mais alto senhorio e glória em Deus."

São Paulo Apóstolo

"Combati o bom combate, terminei a minha corrida, conservei a fé. Agora só me resta a coroa da justiça que o Senhor, justo Juiz, me entregará naquele Dia; e não somente para mim, mas para todos os que tiverem esperado com amor a sua manifestação" (2Tm 4,7-8).

"O que desejo e espero é não fracassar, mas, agora como sempre, manifestar com toda coragem a glória de Cristo em meu corpo, tanto na vida como na morte. Pois para mim o viver é Cristo e o morrer é lucro" (Fl 1,20-21).

"Fiel é esta palavra: se com Ele morremos, com Ele viveremos" (2Tm 2,11).

São Francisco de Sales

"Tudo o que não serve para a eternidade, não é senão vaidade."

Padre Antônio Vieira

"Quereis saber o que é a alma? Olhai um corpo sem ela."

Santo Inácio de Loyola

"Por isso não tenho pesar, mas gozo no Senhor nosso; pois ele, morrendo, nos livrou do temor da morte e, ressuscitado e subido ao céu, nos mostrou quem era e onde está a verdadeira vida."

São Tomás de Aquino

"O horror da morte não nasce da fantasia, mas da natureza."

"Aqueles que amamos e que perdemos não estão mais onde estavam antes, mas estão onde quer que estejamos."

Santa Teresa dos Andes

"Quando menos se pensa, chega a morte. Então tudo desaparece e só o bem se leva consigo."

"Como a morte chega de surpresa quando não se pensa que há uma eternidade depois dela! [...] O melhor é viver em paz com Nosso Senhor, de modo que, se a morte chegar de repente, não nos surpreenda e aterrorize."

Santa Elisabete da Trindade

"É a Virgem Maria, esse ser luminoso, todo puro da pureza de Deus, que me tomará pela mão para me introduzir no céu."

"Vivamos de amor, para morrer de amor e glorificar ao Senhor que é todo amor."

Santa Teresa Benedita da Cruz (Edith Stein)

"Cristo faz dom de sua vida para abrir aos homens a entrada para a vida eterna. Portanto, para conquistar a vida eterna, também os homens devem sacrificar a vida terrena."

São Carlo Acutis

"Não tenha medo porque, com a encarnação de Jesus, a morte se torna vida, e não há necessidade de fugir."

"Nosso objetivo deve ser o infinito, não o finito. O infinito é a nossa pátria. O céu está esperando por nós desde sempre."

Beata Chiara Luce Badano

"Se tivesse de escolher entre caminhar novamente ou ir ao Paraíso, eu não teria dúvida: escolheria o Paraíso. Nesta altura, somente ele me interessa."

Beata Maria Maravilhas de Jesus

"Que consolação é viver de fé neste mundo e, nos braços da fé, morrer."

Beato Tiago Alberione

"O Paraíso deve ser o pensamento dominante. Ele deve orientar a vida, pois somos peregrinos sobre esta terra a caminho do céu. Agora e no céu me ocuparei daqueles que trabalham com os meios modernos e eficazes de fazer o bem."

Venerável Tecla Merlo

"Quando nos parece que atravessamos túneis escuros, não desanimemos, porque o Senhor está testando nosso amor. Ele não vai longe. Se esconde apenas para que exercitemos nossa fé."

"Caminhamos em direção ao céu: aqui estamos apenas de passagem."

Serva de Deus, Madre Maria José de Jesus

"Considera como a morte é o fim de tudo e o princípio de tudo: o fim de tudo aquilo que passa e o princípio do que é eterno."

"Sobe, bem alto, e, à luz de Deus, vê as coisas como as verás um dia, na eternidade."

Coroazinha pelos falecidos (Beato Tiago Alberione)

1. Senhor, meu Criador e Redentor, eu creio que, na vossa infinita justiça, providenciastes uma condição de purificação para aqueles que passam à eternidade sem ter-se libertado totalmente do pecado e suas consequências. Creio, também, que, na vossa misericórdia, aceitais os sufrágios, especialmente o sacrifício eucarístico, para aliviá-los e libertá-los. Reavivai em mim a fé e infundi-me no coração sentimentos de piedade para com estes meus irmãos falecidos.

Dai-lhes, Senhor, o descanso eterno, e a luz perpétua os ilumine; descansem em paz. Amém.

2. Senhor Jesus Cristo, rei da glória, por intercessão de Maria e de todos os santos, livrai todos os fiéis defuntos das consequências do pecado. E vós, São Miguel, conduzi-os à luz santa, prometida pelo Senhor a Abraão e à sua posteridade. Eu vos ofereço, Senhor, sacrifícios e preces de louvor; recebei-os por esses irmãos, e admiti-os à luz e à alegria eterna.

Dai-lhes, Senhor, o descanso eterno, e a luz perpétua os ilumine; descansem em paz. Amém.

3. Ó Jesus, bondoso Mestre, suplico-vos pelos defuntos aos quais estou mais ligado por dever de gratidão, justiça, caridade ou parentesco: pais, benfeitores espirituais e corporais, irmãos e familiares. Recomendo-vos as pessoas que, na terra, tiveram maiores responsabilidades: sacerdotes, governantes, religiosos, superiores. Suplico-vos ainda pelas mais esquecidas e pelas que foram mais devotas de Jesus Mestre, da Rainha dos Apóstolos, de São Paulo Apóstolo. Dignai-vos chamá-las logo à celeste bem-aventurança.

Dai-lhes, Senhor, o descanso eterno, e a luz perpétua os ilumine; descansem em paz. Amém.

4. Agradeço-vos, ó Jesus, Divino Mestre, que do céu descestes para libertar o homem de todos os males, com o vosso ensinamento, vida, morte e ressurreição. Rogo-vos pelos defuntos que,

durante a vida, foram vítimas do erro e do mal causados pelos meios de comunicação social. Confio que, purificados e acolhidos no vosso reino glorioso, intercedam pelo mundo moderno, a fim de que os meios que nos prodigalizastes para a elevação da vida presente sejam empregados para o apostolado e para a vida eterna.

Dai-lhes, Senhor, o descanso eterno, e a luz perpétua os ilumine; descansem em paz. Amém.

5. Ó Jesus misericordioso, pela vossa dolorosa paixão e pelo amor que tendes por mim, rogo-vos que perdoeis todo o mal que cometi e as consequências dos meus inúmeros pecados nesta vida e na eternidade. Concedei-me espírito de contínua conversão, delicadeza de consciência, ódio ao pecado e disposições necessárias para receber as indulgências. Proponho-me acompanhar com a oração, sempre que possível, os que passam desta vida à eternidade. E vós, Bondade infinita, infundi-me sempre maior fervor a fim de que, um dia, livre dos vínculos do corpo, possa contemplar-vos face a face, para sempre, no céu.

Dai-lhes, Senhor, o descanso eterno, e a luz perpétua os ilumine; descansem em paz. Amém.

Jaculatórias

Pelos irmãos falecidos

Dai-lhes, Senhor, o descanso eterno e a luz perpétua os ilumine; descansem em paz. Amém.

Pelos agonizantes

Ó São José, pai adotivo de Jesus Cristo e verdadeiro esposo da Virgem Maria, rogai por nós e pelos agonizantes deste dia (ou desta noite).

Jesus, José e Maria, dou-vos o meu coração e a minha alma.

Jesus, José e Maria, assisti-me na última agonia.

Jesus, José e Maria, expire em paz convosco a minha alma.

Oração para obter uma santa morte

Senhor, meu Criador e Redentor, em espírito de adoração, eu aceito a morte, conformando-me plenamente à vossa vontade. Quero morrer como filho da Igreja e passar à eternidade com as melhores disposições de fé, esperança, caridade e arrependimento de meus pecados. Espero renovar, ao menos mentalmente, as promessas batismais.

Ofereço-vos, Senhor, todas as circunstâncias, mesmo as mais dolorosas, que hão de acompanhar a minha passagem para a eternidade, em reparação dos meus pecados e para melhor merecer o paraíso.

Invoco os grandes modelos da boa morte: a Jesus crucificado, com quem desejo pronunciar as palavras: "Pai, em vossas mãos entrego o meu espírito"; a mãe Maria, para que interceda "por nós pecadores, agora e na hora de nossa morte"; a São José, para que me alcance uma vida santa, garantia de uma morte semelhante à sua.

Jesus agonizante, Maria, Mãe dolorosa, São José, vos peço estas graças:

Uma vida santa, fiel aos mandamentos e a todas as exigências da minha vocação, que me assegure uma santa morte, porta para a eternidade. O dom de receber, em caso de grave enfermidade, o sacramento da reconciliação, a unção dos enfermos, o viático e a indulgência plenária. A correspondência à minha vocação, com os dons que recebi para que a minha vida frutifique plenamente para a glória de Deus e minha eterna felicidade. A oração cotidiana, necessária a todos para a salvação, e, particularmente, a celebração frequente do sacramento da reconciliação e da eucaristia, seguindo a liturgia.

Jesus Mestre, eu creio.

Jesus Mestre, eu espero.

Jesus Mestre, eu vos amo.

Jesus Mestre, invoco a vossa misericórdia.

Jesus, Maria e José, vos dou meu coração e minha alma.

Sugestões de cantos

Embora seja muito importante manter um ambiente sereno e tranquilo, sem muito barulho, uma música suave pode ser de grande utilidade. A música é terapêutica.

No QR Code abaixo é possível acessar uma playlist com sugestões de cantos que podem ajudar a enriquecer os momentos.

Conclusão

"Pois o amor é forte, é como a morte."
(Ct 8,6)

Até aqui, o que tentamos expressar é que a morte faz parte da vida, é acontecimento natural, universal e de suma importância para todas as culturas e sociedades. E cada ser vive o luto de acordo com suas tradições, que dão sentido à experiência da morte, principalmente àquelas mortes absurdas que marcam quem fica de forma profunda. É a despedida, carregada de significados próprios que passam pela espiritualidade e pela religião, que ajuda a integrar e continuar o caminho.

Enfatizamos que hoje, mais do que nunca, precisamos de homens e mulheres que conheçam, a partir da própria experiência, a arte de acompanhar as famílias enlutadas. Pessoas capazes de acolher, escutar e, na hora oportuna, fazer um gesto e/ou dizer uma palavra respeitosa e compassiva que revele a quem sofre o amor de Deus e da Igreja. Portanto, participar com fé, esperança e competência nesse momento é muito significativo, e devemos, como cristãos, defender esse direito, pois a dor da morte, para os cristãos, é iluminada pela esperança na ressurreição.

Para isso, quem acompanha necessita de formação apropriada, para que o apoio ao indivíduo enlutado possa ser efetivo e para que equívocos sejam evitados. O agente da Esperança sabe que precisa considerar as culturas, as crenças, os contextos e as dinâmicas dos relacionamentos familiares, bem como identificar fatores que possam prejudicar o enfrentamento do luto, como a não manifestação dos sentimentos, o adiamento do processo ou a negação da perda.

Neste mundo, os ministros ordenados e os outros agentes de pastoral podem tornar presente a fragrância da presença solidária de Jesus e de seu olhar pessoal. De fato, o grande milagre que Deus fez não foi acabar com a nossa morte, mas mostrar que a morte não tem a última palavra. Não foi explicar o sofrimento, mas mostrar como podemos lidar com ele. A verdade é que a fé não protege da dor, mas ajuda a enfrentá-la. A fé não preenche o vazio da perda de um ente querido, mas diz que a morte não é o fim, porque o "amor é tão forte como a morte".

Referências bibliográficas

BLANK, Renold J. *Escatologia da pessoa:* vida, morte e ressurreição. São Paulo: Paulus, 2000.

CNBB. *Catecismo da Igreja Católica.* 2. ed. São Paulo: Loyola, 2000.

CNBB. *Ritual da celebração das exéquias*. São Paulo: Paulus.

CNBB. *Ritual da unção e pastoral dos doentes*. São Paulo: Paulus

CONGREGAÇÃO PARA A DOUTRINA DA FÉ. *Ad resurgendum cum Christo*. 25 out. 2016.

FRANCISCO, Papa. Exortação Apostólica *Evangelii Gaudium* [A alegria do Evangelho]: Sobre o anúncio do Evangelho no mundo atual. São Paulo: Paulinas, 2013. (A voz do Papa, 198.)

HAHN, Scott. *Espero morrer*: o significado cristão da morte e ressurreição do corpo. Lisboa: Paulus, 2024.

HENNEZEL, Marie. *Diálogo com a morte*. Lisboa: Casa das Letras, 1999.

PANGRAZZI, A. *Conviver com a perda de uma pessoa querida*. Lisboa: Paulinas, 2008.

PRALONG, Joël. *Porque temos tanto medo da morte?* Enfrentar e encontrar a paz interior. Lisboa: Paulus, 2022.

Paulinas

Rua Dona Inácia Uchoa, 62
04110-020 – São Paulo – SP (Brasil)
Tel.: (11) 2125-3500
paulinas.com.br – editora@paulinas.com.br
Telemarketing e SAC: 0800-7010081